ulmer

Stefan Leszko

DER NATUR GÄRTNER

ES IST NICHT ALLES GRÜN, WAS GLÄNZT

Inhalt

Vorwort

Es ist schon seltsam: Bücher über Naturgärten gibt es so viele, und ständig werden noch neue herausgebracht. Sie alle stammen von gewiegten Experten, die vornehmlich das tun, was alle Experten tun: Sie widersprechen einander. Die einen setzen Naturgärten mit Bio-Gärten gleich, die anderen mit Permakultur, manche schildern sie als Naturschutzgebiete, andere als Kinderspielplätze, die einen wollen vom Mittelmeer bis zur Prärie die gesamte Botanik darin versammeln, während wieder andere die strikte Beschränkung auf heimische Arten fordern. (Letztere gehören vermutlich zu jenen Leuten, die statt von Telefon, Fax und E-Mail nur von Ruf, Fernpause und Rechnerpost sprechen, ihre Kinder „Merlin" und „Freya" nennen und Champagner als „Schaumwein" bezeichnen).

Die Umsetzung all dieser wertvollen Leitlinien und Ratschläge bleibt dem jeweiligen Gartenbesitzer, also dem Naturgärtner, überlassen. Kenner der Sparte „Ratgeberliteratur" werden zu Recht vermuten, dass dabei zwischen Theorie und Praxis womöglich eine Kluft klafft; wie breit und tief diese ist, könnte jedoch nur der besagte Naturgärtner verraten, und den fragt keiner. Seine Sehnsüchte, Versuche und Fehlschläge bleiben in den Ratgebern unerwähnt. Auf den großformatigen Beispielfotos fertiger Gärten ist er nicht zu sehen. Nur in einigen Schritt-für-Schritt-Anleitungen erkennt man undeutlich eine kauernde Gestalt, die irgendwie in der Erde wühlt; es könnte auch der Yeti sein oder Nessie bei der Eiablage, eben eines jener sagenumwobenen Geschöpfe, deren tatsächliche Existenz nicht bewiesen ist.

So ist es kein Wunder, dass in der Bevölkerung das Bild des Naturgärtners nach wie vor von Vorurteilen und Mythen geprägt ist. In all dem umfangreichen, das Thema und den Leser erschöpfenden Buchangebot über Naturgärten gibt es nicht ein Buch über Naturgärtner.

Ist das vertretbar, ist das gerecht? Jedenfalls klafft hier in der Gartenliteratur eine Lücke, und ich beeile mich, sie zu schließen.

Der Natur-
gärtner in der
Geschichte

Wie jedes andere Lebewesen hat auch der Naturgärtner durchaus nicht nur Freunde. Sein größter, ich möchte sagen, natürlicher Feind ist der sogenannte Gartenwebel, ein näherer Verwandter des bekannteren Feldwebels. Wie nicht anders zu erwarten, erinnert der Garten des Gartenwebels stark an einen Exerzierplatz. Sofern sich Pflanzen darin befinden – das soll mitunter vorkommen – sehen sie samt und sonders aus, als hätte der Gartenwebel soeben „Still gestanden" gebrüllt. Auf das Kommando „Ruht!" warten sie dagegen vergeblich. Ein solcher Gartenwebel betrachtet den Naturgärtner als subversiven Schlamper, als Schänder des Heiligsten, was der Mensch hat. Fällt sein missbilligender Blick in das Revier eines Naturgärtners, so blickt er nicht in einen Garten, sondern in einen Abgrund an Landesverrat. Seiner Meinung nach ist der Naturgärtner ein typisches Produkt der heutigen Zeit, in der alles total verrottet ist. (Früher hätt's so was gar niemals nicht gegeben!) Wirklich? Wir wollen doch mal sehen. Es ist mitunter erstaunlich, was man Büchern zu ganz anderen Themen entnehmen kann, wenn man nur entsprechend darauf achtet. Beginnen wir da, wo nach der Überzeugung jedes standhaften Gartenwebels der Prototyp des mustergültig von menschlicher Ordnung bestimmten Gartens zu finden ist: in den Parks des französischen Adels in der zweiten Hälfte des 17. Jahrhunderts. Diese waren, wie heutige städtische Gartenbauämter nicht müde werden, uns zu versichern, streng formal angelegt, mit geometrischen Wegemustern, Buchseinfassungen, Hecken und Rasenflächen. Einen solchen Park, den des Grafen du Vallon, beschreibt Alexandre Dumas im zweiten Band seiner Musketier-Trilogie „Zwanzig Jahre nachher" mit folgenden Worten: „Und als beide hinreichend gefrühstückt hatten, machten sie einen Gang durch den herrlichen Garten. Alleen von Kastanienbäumen und Linden schlossen einen Raum von wenigstens 30 Morgen ein. Um die verwachsenen Gebüsche sah man Kaninchen laufen, welche von Zeit zu Zeit spielend unter dem hohen Gras verschwanden."

Öha! Das klingt nun allerdings nicht nach barockem Ordnungsideal; es hat vielmehr etwas lasziv Naturgartenhaftes an sich. Und es war – da Dumas den Garten ausdrücklich als „herrlich" tituliert – offenbar gänzlich im Einklang mit der Zeit und ihren Vorstellungen von Schönheit. So kann man sich irren. Hier wird der Gartenwebel nun freilich einwenden, dass der Franzose als solcher schon immer den Hang zur Verwahrlosung hatte, und die bröckelige Legerté, die noch heute französische Ortschaften zumal in etwas abgelegeneren Gegenden auszeichnet, gibt ihm darin Recht.

Aber im ordnungsliebenden Deutschland der Kaiserzeit und davor, da waren ja wohl solche Entgleisungen nicht zu finden. Da strotzte der Garten vor mustergültiger Ordnung – oder nicht? Hören wir dazu eine Stimme aus dem Jahr 1893, nämlich die von Wilhelm Busch in seinem Essay „Von mir über mich":

„Was weiß ich denn noch aus meinem dritten Jahr? Knecht Heinrich macht schöne Flöten für mich und spielt selber auf der Maultrommel, und im Garten ist das Gras fast so hoch wie ich, und die Erbsen sind noch höher."

Das hört sich nun auch nicht gerade programmgemäß an. Zugegeben, Busch lässt eine genaue Angabe seiner damaligen Körpergröße missen, zugegeben auch, dass damals die Menschen im Durchschnitt kleiner waren als heute: Dass indes ein Dreijähriger nur jene fünf Zentimeter hoch war, die einem rechten Gartenwebel als oberste Grenze für einen ordentlichen Rasen akzeptabel erscheinen, dürfte auch im 19. Jahrhundert eher unwahrscheinlich gewesen sein.

Nur ein Jahr später, aus dem Jahr 1894 datieren die berühmten „Jungle Books" von Rudyard Kipling. In diesen, nämlich in der Erzählung „Rikki-Tikki-Tavi" finden wir die folgende Beschreibung des Villengartens eines englischen Kolonialbeamten in Indien:

„Der Garten war groß und nur zur Hälfte bebaut; da standen ungeheure Rosenbüsche, um die man kaum mit zwölf Schritten herumgehen konnte, und Oran-

gen- und Zitronenbäume, die das ganze Jahr lang mit Blüten und Früchten bedeckt waren. In dem anderen, wilden Teil des Gartens wuchsen Bambusrohr und dichtes Gras bis zur Manneshöhe empor."

Da schauert es doch fürwahr jeden sensiblen Gartenwebel! Tatsächlich bestätigt der weitere Fortgang der Geschichte die schlimmsten Befürchtungen, denn in besagtem Garten wimmelt es von Moschusratten, Webervögeln, Kobras und einem aufdringlichen Mungo, der zu allem Überfluss ins Haus und bis in die Betten kommt. Mit einem Wort, übelste Naturgartenverhältnisse, und das bei einem Regierungsbeamten der damaligen Weltmacht Nr. 1! Es scheint, die gute alte Zeit war dann doch nicht ganz das, was man erwartet hätte, zumindest vom Standpunkt eines Gartenwebels aus.

Machen wir also schleunigst einen Sprung ins 20. Jahrhundert, in die Zeit nach dem 2. Weltkrieg, als die Verhältnisse wieder sicher, geordnet und ordentlich waren. Hier erschien 1951 in Schweden Astrid Lindgrens Buch „Kalle Blomquist lebt gefährlich" und mit ihm die folgende aufschlussreiche Schilderung bürgerlicher Gartenkultur in Schweden.

„Gewiss fand sich am Rande der Stadt die eine oder andere Villa in einem schön gepflegten Garten; aber das waren Ausnahmen. Die meisten Gärten waren wie der des Bürgermeisterns: wild gewachsen mit alten, knotigen Apfel- und Birnbäumen

und verwilderten Grasmatten, die nie ge-
schnitten wurden."

Siehe da. Dort also auch. Naturgärtner, wann und wohin man schaut. Gibt es denn gar kein Entrinnen? Nein. Schon sechs Jahre später, 1957, verfasste Erich Kästner sein Erinnerungsbuch „Als ich ein kleiner Junge war", in dessen Vorwort er das folgende, für jeden Gartenwebel geradezu vernichtende Bekenntnis ablegt: „Heute habe ich endlich ein Vorgärtchen und hinter dem Haus eine Wiese. Und Rosen und Veilchen und Tulpen und Schneeglöckchen und Narzissen und Hahnenfuß und Männertreu und Glockenblumen und Vergissmeinnicht und meterhohe blühende Gräser, die der Sommerwind streichelt. Und Faulbaumsträucher und Fliederbüsche und zwei hohe Eschen und eine alte, morsche Erle hab ich außerdem. Sogar Blaumeisen, Kohlmeisen, Hänflinge, Kleiber, Dompfaffen, Amseln, Buntspechte und Elstern hab ich. Manchmal könnte ich mich fast beneiden!"

Kein Zweifel, auch Erich Kästner wäre vor den Augen eines strengen Gartenwebels durchgefallen. Und dabei befand sich sein Garten nicht etwa in einer alternativen Künstlerkolonie, sondern im noblen Münchner Stadtteil Bogenhausen.

Nicht besser war es offenbar um das Großbürgertum in Österreich bestellt. Konrad Lorenz, Sohn eines wohlhabenden Arztes und Hofrats in Altenberg, betrieb im Garten seines Elternhauses allerlei Tierstudien, über die er in seinem 1949 erschienenen Erstlingsbuchs „Er redete mit dem Vieh, den Vögeln und den Fischen" u. a. erzählt:

„Ich wanderte also an jenem Pfingstsonntag mit meinen eintägigen Stockenten …auf einer maigrünen Wiese im oberen Teil unseres Gartens dahin…, da sah ich den Rand des Gartenzauns eingefasst mit einer Reihe bleicher Gesichter… – die Entlein aber, die erlösenden und alles erklärenden Entlein, konnten jene erschreckten Zaungäste in dem hohen Maiengrase leider nicht sehen!"

Wohlgemerkt: Alle diese Schilderungen beschreiben, wie aus dem Kontext eindeutig genug hervorgeht, keine Ausnahmezustände, sondern ganz normale Gartenverhältnisse bei ausnahmslos wohlsituierten Leuten, die sich, hätte man sie nach ihrer eigenen Selbsteinschätzung gefragt, zweifellos als ordentliche Menschen bezeichnet hätten.

Nicht nur ordentlich, sondern mit eigenen Worten, „ein Pedant, der seinen Garten sauber hält" war der seinerzeit sehr bekannte Reiseschriftsteller Richard Katz. Über diesen pedantisch sauberen Garten berichtet er ausführlich in seinem 1961 erschienen Buch „Übern Gartenhag."

Hier seien nur einige Passagen zitiert, die freilich ein echter Gartenwebel kaum zu ertragen vermag:

„Wie mit den Pflanzen des Gartens, so mit den Tieren…, angefangen von bodennahen Schnecken, Laufkäfern, Eidechsen,

Schlangen und Igeln – nein, wir müssten tiefer schürfen und bei den unterirdischen Würmern, Werren, Ameisen, Maulwürfen und was sonst noch unter der Erdkrume lebt, beginnen! – über die vielerlei Läuse, Wanzen und Raupen hinweg, die an den Pflanzen hochkriechen, bis in den Luftraum überm Garten, dessen Tierleben an Schmetterlingen, Fliegen, Bienen, Wespen und Vögeln von verwirrender Vielfalt ist! Allein den lieben Meisen, die meinen Garten durchzwitschern, habe ich vier Gattungen und elf Arten nachgezählt, und das sind gewiss nicht alle."

„Weit wichtiger als wer wen im Kongo verhaftet, ist mir die Smaragdeidechse, die aus ihrem Mauerloch hervorgehuscht ist, um mich aus neugierigen Knopfäuglein anzustarren."

Und an anderer Stelle vermerkt er angelegentlich:

„Auch ich hatte nicht glauben wollen, dass es in meinem Garten in Locarno Schlangen gab, bis mir aus einem Erdbeerbeet eine Viper ins Gesicht zischte."

Und so weiter. Die Beispiele ließen sich noch beliebig fortsetzen. Fast könnte man den Eindruck gewinnen, es habe in früheren Zeiten überhaupt nur Naturgärtner gegeben. Das wäre freilich ein Trugschluss. Die Vorstellung von einem goldenen Zeitalter mit durchweg naturverbundenen Menschen dürfte ebenso eine Legende sein wie die des traditionellen, Kilt tragenden Highlanders in Schottland.

Herrschsüchtige Charaktere, die am liebsten die ganze Umgebung strammstehen sehen, gab es wohl schon immer, nur mussten sie sich früher in anderen Bereichen verwirklichen: Als Könige etwa oder Kirchenfürsten, als Heeresoffiziere, zur Not auch nur als Zunftmeister oder, wenn es schon anderswo nicht klappen wollte, als Ehemann und Vater. Zu allen Zeiten fand ein Möchtegern-Despot unter den eigenen Artgenossen ein reiches Betätigungsfeld. Der Garten allerdings war ihm bis in die jüngste Neuzeit hinein überlegen. Es gab noch keine Pestizide und keinen Kunstdünger, keinen Rasenmäher und keine Motorsägen, keine Laubsauger und keine Thujaheckenproduzenten, vor allem aber keine Grundstücke, die sich selbst mit diesem Waffenarsenal beherrschen ließen.

Gartenanlagen früherer Zeiten, angefangen vom Park des Grafen du Vallon mit seinen „wenigstens 30 Morgen" (ca. 10 ha) bis hin zu einem normalen Stadtgarten, der in der Regel noch immer reichlich 1000 m^2 umfasste, wussten sich durch ihre schiere Größe dem Willen des Gartenwebels zu entziehen. Seine große Stunde schlug erst in der drangvollen Enge übervölkerter Industrieländer, die zwar über immer potentere Gifte, immer stärkere Motoren, aber über immer weniger Platz verfügen. Nur wo die Sonne der Erkenntnis tief steht, wirft ein Zwerg lange Schatten, und innere Beengtheit kann erst in einer ebensolchen äußeren die volle Entfaltung finden.

Deswegen sind echte Gartenwebel durchweg Freunde kleiner Grundstücke, je kleiner, desto besser.

Wer auf die Anrede „Herrscher aller Grashalme" Wert legt, dem genügt ein Imperium von 100 m². Eine Fläche dieser Größe hätte noch bis in die jüngste Vergangenheit allenfalls als Hühnerauslauf gegolten, nicht jedoch als Hausgarten. Der Gartenwebel, der sich selbst so gern als den Hüter aller Werte sieht, erweist sich somit als ein Massenprodukt der Neuzeit, ähnlich wie die Waschbetonplatte und der Plastikgartenzwerg. Der Naturgärtner war eher da, eigentlich immer schon, er ist sozusagen der Saurier unter den Gärtnern: ein Überbleibsel aus vergangenen Zeiten, vielleicht sogar ein Fossil, aber ein höchst lebendiges. Und er hat vor, das auch zu bleiben:

Der Natur-gärtner als solcher

Alle jene Zeitgenossen, denen ein „ordentlicher", „sauberer", womöglich gar „minimalistischer" Garten das höchste Glück bedeutet, müssen wahrhaftig ganz außerordentlich bescheidene und genügsame Menschen sein. Wie sonst sollte man ihre Gärten verstehen? Wenn jemand über Jahre hinweg mit einer kirschlorbeergesäumten Rasenfläche oder gar mit einer Kiesschüttung und einem einsamen Buchsbäumchen zufrieden ist, so spricht das für ein solches Maß an abgeklärter Bescheidenheit, dass ein Eremit sich dagegen wie ein genusssüchtiger Epikureer ausnimmt. Ich habe mir jahrelang die sarkastische Phantasievorstellung gestattet, dass es in den Wohnungen solcher Menschen genauso spartanisch aussieht; ein blanker Parkettboden, eine Sitzgelegenheit aus einem einfachen Metallrahmen und ein Fernseher. Schließlich wurde ich in eine solche Behausung eingelassen, und was tut Gott? Es sah darin tatsächlich so aus. Wenn sich der Abend herniedersenkt, kauert ein solcher Minimalist vermutlich bei einem frugalen Fertiggericht auf seiner Sitzstange, sieht eine Doku-Soap auf RTLII und ist glücklich und zufrieden. Es ist wunderbar, was geistige Bedürfnislosigkeit vermag.

Leider ist ein Naturgärtner zu solcher Selbstbescheidung nicht fähig. Naturgärtner sind die maßlosesten, habgierigsten und unersättlichsten Menschen auf der Welt. Ich weiß nicht, wer die besonnte Legende von dem in biedermeierlicher Zufriedenheit in seinem bescheidenen Glück dahindümpelnden Gärtner in die Welt gesetzt hat, vielleicht war es Spitzweg, vielleicht ein Außendienstmitarbeiter einer Bausparkasse, aber er ist mit Sicherheit niemals nicht einem Naturgärtner begegnet. Ein Naturgärtner giert selbst dann noch hemmungslos nach neuen Pflanzenarten, wenn sein Garten schon aus allen Nähten platzt. Er okkupierte, wenn man ihn nur ließe, unter rücksichtsloser Vertreibung der Bewohner sämtliche Nachbargrundstücke, ignoriert die Gesetze von Zeit und Raum, verachtet seinen Kontostand und wird prinzipiell mindestens 300 Jahre alt, um die Entwicklung seiner langsameren Pfleglinge nicht zu versäumen. Unerschöpflich sind seine Wünsche. Für ihre Erfüllung würde er selbstverständlich jederzeit dem Teufel seine Seele verkaufen, aber der Teufel würde sie schon morgen wiederbringen und auf Knien um Annullierung des Vertrages winseln.

Zu den bescheideneren Grundbedürfnissen eines jeden Naturgärtners zählen ein Feuchtgebiet mit verschieden großen Seen, Weihern und Tümpeln, Flüssen, Bächen und Wasserfällen, ein Moor, ein Stück Meeresküste, ein Auwald, ein Regenwald, die Lüneburger Heide, einige Trockenrasen, ein Hochgebirge und ein paar Sanddünen. Dazu kämen dann ein paar kleine, aber feine Extras wie Orchideenwiesen, uralte Baumriesen, versteckte Buchten, feuchte Schluchten, blühende Berghänge, gelber Enzian, Frauenschuh, stängelloser Enzian, ein Bänkchen am Wegrand und eine singende Nachtigall.

Bei den Gartentieren ist der Naturgärtner freilich bescheidener, er braucht keine noch so eindrucksvollen Elefanten oder Bisonherden, die doch nur seine Pflanzen zertrampeln würden, ihm genügen Singvögel, Sperber, Schwarzstörche, Weißstörche, Kraniche, Mehlschwalben, Rauchschwalben, Uferschwalben, Luchse, Gämsen, und ein Pandabär. Der wäre nicht heimisch, meinen Sie? Na und? Wer sonst sollte die dämlichen Bambusausläufer beseitigen, die immer wieder vom Nachbarn herüberwachsen? Pandabär muss sein, dazu Murmeltiere, Zauneidechsen, Mauereidechsen, Waldeidechsen, Perleidechsen, Smaragdeidechsen, Eidechsennattern, falls die Eidechsen überhand nehmen sollten, sowie Ringelnattern, Glattnattern, Äskulapnattern, Sumpfschildkröten, natürlich Bieber, Wildkatzen, Hauskatzen, Füchse, Dachse, Steinmarder, Baummarder, Eichhörnchen, Fischotter – aber was schauen Sie denn so? Ich bin noch lange nicht fertig!

Da sehen Sie mal, wie bescheiden dagegen Leute wie Bill Gates oder Dagobert Duck sind, die wünschen sich nur Geld und sonst nichts. Der Naturgärtner benötigt dagegen außer den schon genannten, mehr elementaren Dingen noch ganz dringend ein Karsthöhlensystem für die Fledermäuse, ein Waldmittelgebirge mit beerenreichem Unterholz für die Raufußhühner, eine eigene Burg für die Turmfalken und ein Gewürzgärtchen für die Küche.

Natürlich ist das alles nicht ganz billig; so mancher Naturgärtner sah sich deshalb schon genötigt, Epochales zu vollbringen, Karriere zu machen oder reich zu heiraten, nur um sich seine Gartenwünsche erfüllen zu können.

Bekannte Naturgärtner waren Friedrich von Hohenstaufen, Fürst Pückler, Karl Foerster, Goethe, Gott, Ernst Pagels und King Charles III. von England. Auch ihnen gelang nicht immer alles, aber sie hatten zumindest den nötigen Platz für die Umsetzung ihrer Pläne und die erforderliche Autorität, um ihren Anweisungen Nachdruck zu verleihen. Die Mehrzahl der restlichen Naturgärtner – und ich rechne mich selbst durchaus ungern auch dazu – sehen sich hingegen beständig an ihrer Entfaltung gehindert. Die Grundstücksgrößen, die Kostenentwicklung, das Nachbarschaftsrecht, kurzum die heutigen Lebensbedingungen insgesamt sind einem Naturgärtner nicht angemessen. Es ist, als hätte Monet seine Gartenbilder auf den Rückseiten von benutzten Briefmarken malen müssen.

So verbringt der heutige Naturgärtner sein Leben im Spannungsfeld zwischen Traum und Wirklichkeit, zwischen Ersehntem und Machbarem. Begleiten wir ihn also eine Weile dabei, um zu sehen, wie er mit dieser Herausforderung fertig wird.

Der Anfang

Wie kommt man eigentlich zu einem Naturgarten? Es gibt mehrere Wege. Manche Menschen glauben, ein Naturgarten entstünde von alleine, wenn man ihn nur sich selbst überlässt. Es sind das dieselben Leute, die glauben, alle Kinder seien von Natur aus hochbegabt. Sie handeln dann dementsprechend, und tatsächlich können, was das Ergebnis anbelangt, ihre Kinder und ihre Gärten einander die Hand reichen.

Der einfachste Weg wäre, einen bereits eingewachsenen Naturgarten zu übernehmen. Leider ist das in der Praxis unmöglich, weil ein Naturgärtner seinen Garten nie wieder hergibt, schon gar nicht für Geld. Man müsste ihn schon ermorden, aber selbst dann würde er als Geist wiederkommen, um allnächtlich grün phosphoreszierend in den Pflanzungen herumzumurmeln.

In der Regel muss der Naturgärtner seinen Garten also selbst anlegen. Dabei leistet ihm die Fachliteratur wertvolle Dienste; bei sorgfältiger Umsetzung aller darin enthaltenen Ratschläge würden aus einem Ratgeberbuch mindestens sieben Naturgärten hervorgehen.

Den Ratgebern zufolge ist die wichtigste Tugend eines jeden Naturgartens die größtmögliche Vielfalt, um ein Maximum an ökologischen Nischen zu erzielen. Das klingt auf den ersten Blick einleuchtend. Hat indes der Naturgärtner einige Tage, von Ratgeberbüchern umzingelt, über dem Plan seines Grundstücks gebrütet, so dämmert ihm allmählich, dass man die Nischenbildung auch übertreiben kann. Würde er tatsächlich auf seinem beschränkten Territorium eine mehrreihige Feldhecke, eine Blumenwiese, einen Obstgarten mit alten Sorten, einen Gemüsegarten, einen Weidentunnel, eine Kräuterspirale, ein Feuchtbiotop, einen Schotterrasen und eine Erlebnisspielwiese mit Natursteinpflasterwegen harmonisch verbinden, so gliche das Ergebnis am Ende einer 50 m²-Wohnung mit 25 Zimmern. Die rechte Behaglichkeit will in keinem davon aufkommen.

Andere Bücher empfehlen, sich an der umgebenden Landschaft zu orientieren und den Garten harmonisch in diese einzubetten. Als Beispiele zeigen diese Bücher großformatige Bilder von wunderbaren Flur-, Heide- und Waldlandschaften, in die die jeweiligen Gärten geradezu vorbildlich harmonisch eingebettet sind. Der Naturgärtner stürzt, das Buch in der Hand, aus dem Haus, um die umgebende Landschaft auf ihre Einbettungseignung zu begutachten. Die umgebende Landschaft besteht auf drei Seiten aus Fertighäusern mit Rasenflächen, umsäumt von freilaufenden Gartenzwergen und einer Reihe von Sträuchern und Stauden, die laut Gartencenterkatalogen in keinem Garten fehlen dürfen. Auf der vierten Seite ist die Straße samt Gehsteig, auf dem allerlei Anrainer vorüberschlorchen und dem Gärtner artig ihren Gruß entbieten. Es sind höfliche Menschen, die wissen, was sich gehört.

Auch die Nachbargrundstücke sind von allerlei Menschen bevölkert, die viele, zweifellos hochbegabte Kinder haben. Diese hochbegabten Kinder halten sich in ihrer Freizeit ausschließlich im Garten auf, damit sie unter Aufsicht sind und ihnen kein Leid geschieht. Die meisten sind übergewichtig und erinnern frappierend an Maden, vor allem, wenn sie sommers auf irgendwelchen Schaukeln und Trampolinen herumhüpfen – hüpfende Maden, die pausenlos Lärm machen. Dies ruft dann wiederum die Eltern auf den Plan, die ihrer Erziehungspflicht obliegen, indem sie mit dem Finger auf den Gärtner jenseits des Zaunes zeigen und mit Stentorstimme die Maden ermahnen, leiser zu sein und die Nachbarn nicht zu stören. Entfleucht der Gärtner vor solcher Idylle ins Haus, so wird er alsbald von der Türglocke aufgeschreckt. Draußen steht eine der Maden und rezitiert den zuvor sorgfältig mit den Eltern einstudierten Satz: „Die Emily-Sophie hat unglücklicher – aber auch dummerweise den Ball in Ihren Garten fallen lassen. Darf ich denselben eben wieder holen?"

Damit ergibt sich das erste, sozusagen elementare Gestaltungselement von selbst: Sichtschutz und Abgrenzung. Da gibt es nun mehrere Möglichkeiten; man kann allerlei Dichtzaunelemente aus dem Baumarkt aufstellen, man kann Mauern bauen wie das alte China oder die DDR, der Naturgärtner aber, eben weil er ein solcher ist, pflanzt Sträucher und Bäume.

Das ist eine wunderbare Sache, von Jahr zu Jahr verschwindet die Umgebung mehr aus dem Blickfeld und der Naturgärtner sieht sich beschirmt von wogendem, blühendem, fruchtendem Grün. Blickt er aus dem Fenster, so sieht er auf Augenhöhe Meisen, Kleiber und Spechte in den Zweigen turnen, mag sein, sogar eine Waldohreule, die nachdenklich zu ihm ins Zimmer schaut. Tritt er aus dem Haus, so kann er, auch im heißesten Sommer, sich im Schatten ergehen, anstatt der Gefangene seines Sonnenschirms zu sein. Freilich braucht er sich dann aber auch keine landschaftsarchitektonischen Gedanken mehr über Raumaufteilung und Bepflanzungskonzepte zu machen. Die grüne Umgrenzung seines Reichs gibt ihm im Wesentlichen die weitere Gestaltung vor: Auf der sonnigen oder halbschattigen Seite von Gehölzen lassen sich allerlei Saumgesellschaften aus Stauden und Gräsern zusammenstellen, die auch in der Natur Waldränder bewohnen. An Vielfalt und Blütenfülle kommen sie Blumenwiesen nahe, ohne so oft gemäht werden zu müssen wie diese. Auf der Nordseite und unter Baumkronen ist das Reich der Schattenpflanzen und Frühjahrsblüher, der Waldgräser und Farne. Auf den verbleibenden Freiflächen aber kann der Gärtner all die Besonderheiten verwirklichen, die sein Herz am meisten begehrt. Alle? Nun, alle wohl nicht, aber doch einige. Am Anfang steht, in der Erdgeschichte wie im Garten, das Wasser.

Algenglühen

Was ein echter Naturgärtner ist, der legt früher oder später einen Teich an. Im Wasser entsteht bekanntlich das meiste Leben. Insgeheim hofft der Naturgärtner, dass sich unter diesem Leben auch möglichst viele Teichfrösche befinden werden, mit deren Hilfe er endlich einmal akustische Rache an seinen ewig radioheulenden und rasenmäherkläffenden Nachbarn nehmen will. Also gut. Der Teich ist angelegt und wird auch gleich von den ersten Libellen, Wasserläufern und Rückenschwimmern angenommen. Schnecken, Wasserflöhe, Wasserasseln und was sich sonst noch mit einer selbständigen Anreise schwertut, hat der Gärtner eingesetzt. Mehr lässt sich angesichts der fortgeschrittenen Jahreszeit kaum erwarten, aber der Anfang ist gemacht und im Übrigen wartet der Gärtner aufs nächste Frühjahr.

Nun, das Frühjahr kommt, und noch bevor die Wasserpflanzen austreiben, zeigen sich im Teich die ersten Molche: Zierliche Teichmolche und gedrungene Bergmolche. Als es wärmer wird, lassen sie sich an milden Abenden im klaren Wasser gut beobachten und die Freude ist groß. Leider zeigt sich im klaren Wasser aber noch etwas anderes, was weniger erfreut: Algen nämlich. Fadenalgen, die wie grüne Wattebeläge an einigen Stellen den Teichgrund überziehen. Nun hat der Gärtner bereits lange vor dem Teichbau so viel Fachliteratur verschlungen, dass es für ein Hochschuldiplom ausreichen würde und ist daher mit diesem Problem bestens vertraut. Er weiß: Algen gehören zum Teich wie die Kleinstlebewesen und die Wasserpflanzen. Sagt die Fachliteratur. Es ist völlig normal, dass sie am Anfang vermehrt auftreten. Später werden sie von den Wasserpflanzen verdrängt und verschwinden von selbst. Sagt auch die Fachliteratur. Im Detail geht das so vor sich: Die Algen wachsen am Teichgrund heran, produzieren Sauerstoff und werden schließlich von den Sauerstoffbläschen an die Oberfläche gezogen. Dort, abgeschnitten von den Nährstoffen am Boden, werden sie rasch immer kränklicher und gelber, sterben ab und sinken zerfallend nach unten. Die Wasserpflanzen nehmen die dabei freiwerdenden Nährstoffe und das beim Abbau der Algen entstehende CO_2 begierig auf, wachsen rasch nach oben und sind nun die Gewinner. Das ist ein ganz normaler Vorgang, der immer so abläuft in neuen Teichen und der einen nicht zu stören braucht. Ist schon eine feine Sache, so eine Fachliteratur. So sieht der Gärtner also ganz unaufgeregt zu, wie die Algen sich weiter ausbreiten und schließlich zur Wasseroberfläche hochsteigen. Und sich dort weiter ausbreiten. Das sieht nicht sehr schön aus. Aber zumindest sind sie ja nun von ihren Nährstoffen abgeschnitten, so weit sind wir schon, und nun werden sie also kränklicher und gelber werden, nicht wahr, und schließlich zerfallen.

Man muss nur ein wenig warten. Also wartet der Gärtner und schreitet jeden Morgen in hoher Ruhe um den Teich, um das Absterben der Algen zu verfolgen. Vorläufig scheinen sie allerdings noch nicht abzusterben. Sie scheinen auch nicht kränklicher zu werden. Genau genommen scheinen sie sich eher sauwohl zu fühlen und bestens zu entwickeln. Nun, mag sein, dass hier alles etwas langsamer verläuft, denn jeder Teich ist anders. Sagt die Fachliteratur. Und schließlich gehören auch die Algen zum Teich wie die Kleinstlebewesen und die Wasserpflanzen. Letztere allerdings sind mittlerweile nicht mehr zu sehen, da die Algen inzwischen den größten Teil der Wasseroberfläche bedecken. Dass sie überhaupt noch vorhanden sind, merkt man nur, wenn man probeweise den Algenteppich etwas anlupft:

Da sieht man sie dann, die Unterwasserpflanzen, fest im Algenteppich verwoben, so dass man, zöge man die Algen heraus, sie unfehlbar mit herausreißen würde. Nicht, dass der Gärtner versucht hätte, die Algen herauszuziehen, i bewahre! Er weiß ja aus der Fachliteratur, dass das ganz unnötig ist. Er hat es nur zufällig festgestellt, als er einmal zufällig versehentlich mit einem Rechen in den Teich gelangt hat. – Also: Warten. Wird schon! Und wirklich: Nach und nach verändert der Algenteppich ein wenig sein Aussehen. Er bekommt eine Farbe wie überlagerter Wirsingkohl und bildet keine neuen Fäden mehr. Von

Absterben oder gar Zerfallen aber ist nach wie vor keine Rede. Angesichts dieser Hartnäckigkeit beschließt der Gärtner nunmehr, nun auch einmal andere Stimmen der Fachliteratur zu Wort kommen zu lassen. Immerhin, einige Autoren billigen ihm wenigstens zu, an der Oberfläche treibende Algenfladen abzuschöpfen. Ganz vorsichtig natürlich und ohne rabiate Gewalt, denn Algen gehören schließlich zum Teich wie die Kleinstlebewesen und die Wasserpflanzen. Da am Ufer zum Beispiel, wo man gut hinkommt und keine Tausendblattstängel mit rausreißt, da könnte man doch … Der Gärtner versucht es und – ei verflixt! Da hängen ja lauter Molcheier an den Algenfäden! Die muss man natürlich vorsichtig ablösen und wieder ins Wasser geben. Um keins zu übersehen, löst der Gärtner ein kleines Stück von dem Algenfladen in seiner Hand ab, breitet es schön aus und beginnt, die Molcheier zu entfernen. Das geht ganz gut, doch nach dem zehnten Molchei beschleichen ihn erste Zweifel: Es sind noch längst nicht alle, und wenn schon in diesem winzigen Stück so viele sind – wie viele sind noch in dem restlichen Algenbatzen da? Das dauert ja Stunden! Aber Molcheier aufs Trockene werfen? Nie im Leben! Wie aufs Stichwort taucht ein sichtlich vom Eierlegen gestresstes Molchweibchen an der Wasseroberfläche auf und wirft dem Gärtner einen strengen Blick zu. „Du gell!" sagt sein Blick, „wirst du wohl-!" Ja ja. Natürlich.

Schuldbewusst legt der Gärtner die Algen zurück und entfernt sich beklommen. Da wird man wohl mit dem Abschöpfen warten müssen, bis die Molche geschlüpft sind. Molche, so scheint es, mögen Algen. Wahrscheinlich liegt das daran, dass sie zum Teich gehören wie die Kleinstlebewesen und die Wasserpflanzen. In den folgenden Tagen schleicht der Gärtner wie ein miesepetriger Reiher um den Teich herum und wirft den Algen scheele Blicke zu. Die Algen ignorieren sie und bleiben liegen, pritschenbreit und gelb wie Raucherzähne. Aber das Wetter ist warm, die Molcheier müssten sich sicher gut entwickeln und wenn die Larven erst geschlüpft sind – man könnte eigentlich schon mal nachsehen. – Der Gärtner zieht probeweise einige Algenfäden etwas heraus und betrachtet sie eingehend. Tatsächlich, in den Eiern sind schon fast fertig entwickelte Molchquappen zu sehen, einige Eihüllen sind sogar schon leer. Das Dumme ist nur: Dazwischen hängen wieder neue Serien von anderen Molcheiern, die unzweifelhaft jüngeren Datums sind. Haben offenbar nachgelegt, die Molche, und Algen scheinen sich dazu sehr gut zu eignen.

Es hilft alles nichts: Der Gärtner legt die Algen zurück. In den nächsten Tagen erzeugt ihr Anblick bei ihm allmählich zunehmende Mordgelüste und er knurrt ihnen einige Bezeichnungen hin, die ein Naturgärtner eigentlich gar nicht kennen sollte. Es ist aber auch zum Verrücktwerden! Jetzt ist es schon Juni, und der Teich schaut ärger und algiger aus denn je. Ob es wohl anderen Teichbesitzern auch so geht? Der Gärtner radelt ins nächste Dorf, um zufällig bei einem Bekannten vorbeizukommen, der auch im letzten Herbst einen Teich angelegt hat. Der Bekannte ist allerdings eher weniger ein Naturgärtner, aber man kann ja trotzdem mal schauen-. Ja, der Teich ist da, flankiert von zwei säuerlich dreinschauenden Gartenzwergen, und das Erste, was daran auffällt, sind die Algen. Sie sehen frischer und grüner und gesünder aus als die des Naturgärtners, und dieser fühlt sich bei ihrem Anblick gleich um sechs Monate jünger. „Sie machen auch nichts gegen die Algen?" fragt er voller Sympathie den Bekannten. „Wos?!" schreit der Bekannte, und sein Gesicht verfärbt sich von einem frischen hypertonischen Lachsrosa zu einem apoplektischen Mauve. „Andauernd tua i's 'nausziehn, die Mistalgen, die grauslichen! Aber die wachsen ja nach, so schnell kannst gar net schaun!" Und er packt einen Rechen

und stürzt auf die Algen los wie der heilige Georg auf den Drachen.

Offenbar weiß er gar nicht, dass sie zum Teich gehören wie die Kleinstlebewesen und die Wasserpflanzen. Schrecklich, diese Unwissenheit! Und dieses garstige, rohe Temperament! Und so was will ein Gärtner sein! Der Naturgärtner kehrt indigniert zurück zu seinen eigenen Algen und observiert sie weiter. Einige Stichproben zeigen ihm, dass sie insgesamt sozusagen mürber geworden sind; ihre zähe Fadenstruktur geht über in eine Art breiigen Schaum. Und siehe da: Bei näherem Hinsehen entdeckt er einige leere Molcheihüllen. Jetzt wird man doch dieses scheußliche Zeug endlich entfernen können! Der Gärtner zieht einen Kescher voll Algenmasse an Land und schaut nur zur Sicherheit nach Molcheiern. Es sind keine Molcheier darin, sondern Molchlarven. Frisch geschlüpfte, fast noch embryonenhaft wirkende Molchlarven, so zart, dass man fürchten muss, sie beim Herauspulen aus den Algen zu verletzen. Bei näherem Hinsehen entdeckt er auch winzige Libellenlarven. Und Unmengen frisch geschlüpfter Wasserschnecken. Und Eintagsfliegenlarven. Und Wasserflöhe. Und weitere Insektenlarven, die er nicht einmal kennt. Es ist nicht zu leugnen: Dieser modernde Algenteppich wimmelt vor Leben. Das alles herausklauben? Ebenso gut könnte man versuchen, ein Weizenfeld kornweise abzuernten. Der Gärtner legt die Algen zurück. Was bleibt ihm übrig? Sie gehören halt zum Teich wie die Kleinstlebewesen und – was war es noch? Ach ja, die Wasserpflanzen. Weiß der Himmel, was aus denen geworden ist, unter all diesen Algen. Und dann, eines Morgens nach einer regnerischen Nacht, wird der Gärtner auf einmal durch lautes Quaken hochgeschreckt, das unzweifelhaft aus seinem Teich kommt. Teichfrösche! Ein Expeditionsteam aus vier grünen Gesellen hat den Teich für sich entdeckt und quakt nun, dass sich die Balken bögen, wenn nicht Wasser bekanntlich keine hätte. Der Gärtner schwimmt in Seligkeit ob dieser Neuzugänge und nutzt in den nächsten Tagen jede Gelegenheit, das Verhalten seiner Frösche zu beobachten. Das fällt nicht weiter schwer, denn wie sich zeigt, besteht das Verhalten von Teichfröschen vorwiegend darin, reglos in der Sonne zu sitzen. Am liebsten am Ufer, solange die Sonne ans Ufer scheint. Wenn nicht, legt man sich halt an eine sonnige Stelle ins Wasser, wie ein Mensch, der sonnenbadend auf einer Luftmatratze faulenzt. Allerdings haben Frösche keine Luftmatratzen, sondern benutzen stattdessen Pflanzen. Zum Beispiel Algen. Denn auf Algen kann ein Frosch herrlich herumlümmeln, während Seerosenblätter, die laut Literatur sein Lieblingsplatz zu sein hätten, sich dazu weniger eignen. Mögen sie Jungfrösche noch tragen:

Wenn ein ausgewachsener, korpulenter Teichfrosch ein Seerosenblatt besteigt, drückt er es mit seinem Gewicht unter Wasser. Algen hingegen haben mehr Auftrieb und tragen daher besser. Und sollte man mal aufgestört werden, taucht man einfach unter den Algen weg und ist verschwunden. Das gefällt den Fröschen. Frösche mögen Algen. Wie es scheint, mögen offenbar alle die Algen außer dem Gärtner. Diesem bleibt folglich nichts anderes übrig, als sich auch mit ihnen abzufinden. Er ist überstimmt. Also versucht er, seine Niederlage mit Fassung zu tragen und entfernt fortan nur noch die Laubblätter, die immer wieder einmal vom Wind in den Teich geweht werden. So vergeht der Sommer. Blutweiderich und Froschlöffel blühen allmählich ab, die Frösche reduzieren ihre Gesangsdarbietungen beträchtlich und benehmen sich zunehmend wie Urlauber am Strand, die erwachsenen Molche verlassen nach und nach das Wasser und die Jungmolche entwickeln sich ebenso prächtig wie zahlreich. Fast jedes Mal, wenn der Gärtner mit seinem Kescher Blätter herausfischt, muss er anschließend einen oder auch mehrere Jungmolche zurücksetzen. Was die Algen betrifft, so haben sie inzwischen die Beschaffenheit von grünlich-braunem Badeschaum angenommen. An einigen Stellen bekommt dieser Schaum Lücken, und darunter kommen jene zum Vorschein, die so lange verschollen schienen: Die Unterwasserpflanzen,

Hornblatt und Tausendblatt, Wasserpest und Laichkraut. Doch das sind nicht mehr die spärlichen Mickerlinge, die der Gärtner im letzten Herbst gesetzt hatte, sondern üppige, kräftig grüne Triebe, die bis dicht unter die Wasseroberfläche reichen. Keine Rede davon, dass die Pflanzen etwa durch die Algen verdrängt oder „erdrückt" worden wären, im Gegenteil, sie sehen eher aus, als wären sie geradezu im Schutz der Algenwatte herangewachsen. Scheint die Fachliteratur also wohl doch recht zu haben, in der es da heißt: Die Unterwasserpflanzen brauchen die Nährstoffe aus den absterbenden Algen. Aber nun haben sie diese Nährstoffe ja bekommen, Jungmolche, Jungschnecken und sonstiges Jungtier sind inzwischen zu robuster Größe herangewachsen, nun haben die Algen endgültig ihren Zweck erfüllt. Was jetzt noch von ihnen übrig ist, das kann man wirklich guten Gewissens entfernen. Allerdings nicht gleich jetzt, denn es ist gerade Nachmittag, und die Teichfrösche, die inzwischen noch Verstärkung durch weitere Artgenossen bekommen haben, sitzen gerade sonnenbadend überall im Teich herum und kein Naturgärtner brächte es über sich, sie dabei zu stören. Am nächsten Morgen jedoch, so nimmt sich der Gärtner vor, gleich in aller Frühe, wird er den verbliebenen Algenschaum abschöpfen. In der Nacht aber kommt unversehens ein starkes Gewitter mit sintflutartigem Regen, und als der Gärtner am nächsten Morgen an den Teich kommt, ist von den Algen nichts mehr zu sehen. Die Wasserfläche liegt klar und schimmernd da, sie bietet einen geradezu erhabenen Anblick und der Gärtner fühlt tiefe Ehrfurcht vor dem Walten der Natur und der Fachliteratur. Hat sich also doch alles von selbst geregelt, na also! Was bietet doch jetzt der Teich für einen schönen Anblick, den man nun den ganzen Herbst hindurch genießen kann. Ob die Algen damit freilich schon endgültig und für immer verschwunden sind, das ist noch nicht sicher. Denn die Fachliteratur sagt – und wer wollte ihr jetzt noch widersprechen –: In den ersten drei bis fünf Jahren treten in jedem Teich Algen auf, bis dieser sein biologisches Gleichgewicht erreicht hat. Immerhin: Nach den Erlebnissen dieses Sommers wird sich der Gärtner über keine Alge, die da kommen sollte, mehr aufregen. Denn eines hat er in diesem Jahr gelernt: Algen gehören zum Teich wie die Kleinstlebewesen und die Wasserpflanzen – aber ich glaube, das habe ich schon mal erwähnt.

Der Natur-
gärtner im
Frühling

Wann beginnt eigentlich der Frühling? Der Kalender sagt: Am 20. März. Eine selten dämliche Antwort, eine Antwort, wie sie wirklich nur ein Kalender geben kann.

In Wahrheit beginnt der Frühling überhaupt an keinem bestimmten Tag; der Frühlingsbeginn – oder das Winterende, wie Sie wollen – ist ein allmählicher Prozess, der sich über mehrere Wochen ausdehnt, meist zwischen Ende Februar und Mitte April. Wann nun endlich der Frühling die Oberhand gewonnen hat, ist schwer zu sagen. Die Zeichen der Natur sind da leider wenig verlässlich. Am einen Tag lacht die Sonne fröhlich durchs Fenster, im Garten stimmen Kohlmeisen, Buchfink und Zaunkönig ihren schmetternden Gesang an, auf der Wiese summen Hummeln um leuchtende Krokusblüten und draußen laufen Jugendliche in Shorts und T-Shirts herum. Schon am nächsten Tag bedeckt ein eisiger Ostwind die Krokusblüten mit Schneeflocken, die Vögel sitzen fröstelnd im Gezweig und die Jugendlichen liegen mit fiebriger Erkältung im Bett. Das kann sich beliebig oft wiederholen und bringt einen nicht weiter. Der erfahrene Naturgärtner kennt indessen andere, untrügliche Anzeichen, die ihm verraten, wie weit der Vormarsch des Frühlings schon gediehen ist.

Das erste Indiz ist, wenn mit der Post die Kataloge mit dem Frühjahrssortiment diverser Gartenartikelhersteller und Pflanzenzüchter eintreffen. Noch deutlicher stehen die Zeichen der Zeit, wenn in den Außenanlagen der Gartencenter die ersten blühenden Schlüsselblumen und Kuhschellen angeboten werden. Und wenn in den Gartenabteilungen der Baumärkte plötzlich Schneeschaufeln, Meisenknödel und Rodelschlitten im Sonderangebot sind, dann hat der Winter endgültig ausgespielt.

Der zuverlässigste Frühlingsbote, den ich selbst kenne, ist ein einige Häuser weiter beheimateter Teenager, ein gewisser Weckerts Wasti, der mit untrüglichem Instinkt sogleich sein Moped aus dem Keller holt, wenn der Frühling dauerhaften Einzug gehalten hat. Sobald Weckerts Wasti wieder von früh bis spät straßauf, straßab durch die Gegend lärmt, braucht man keine Kälteeinbrüche mehr zu befürchten.

Leider gibt es nur einen Weckerts Wasti. Wer ihn entbehren muss, kann sich jedoch an ein anderes, ebenso unfehlbares Anzeichen halten: Das ist, wenn ringsum die Nachbarn anfangen, den Rasen zu vertikutieren. Es ist dies eine urtümliche, stammesgeschichtlich hochinteressante Verhaltensweise, die vermutlich direkt auf den homo erectus zurückgeht und deren ursprünglicher Sinn heute ebenso verloren gegangen ist wie der des Blinddarms. Es gibt nichts Faszinierenderes als einen dieser Emsigen bei seinem Tun zu beobachten. Er vertikutiert sich einen Wolf, die Moosberge wachsen und der Rasen nimmt immer mehr das Aussehen eines räudigen Hundefells an. Nur der Lärm des Vertikutierermotors stört ein wenig, doch dagegen versieht sich der Vertikutiererlenker mit einem Ohrenschutz. Den Anrainern bietet er keinen an. Er weiß, dass dies unnötig ist, da sie, der Abgasschwaden wegen, ohnehin die Fenster fest geschlossen halten müssen.

Trotzdem ist der Frühling eine schöne Zeit, er ist sogar für den Naturgärtner die schönste Zeit des Jahres. Das liegt nicht nur daran, dass er endlich wieder all die Freuden genießen kann, die er so lange entbehren musste, als da wären: vor einer wärmenden Trockenmauer die ersten Sonnenstrahlen zu tanken, wie ein Igel zwischen Laub und trockenem Gras nach neuen Staudentrieben zu stöbern, den unvergleichlich berauschenden Duft des blühenden Seidelbasts zu inhalieren, die Amseln zu verfluchen, wenn sie beim Stöbern nach Würmern ballenweise Moos in die Teiche werfen und dabei unvermittelt innehalten, um dem leisen Ruf eines Erdkrötenmännchens zu lauschen.

Was den Frühling so einzigartig macht, ist die unverwüstliche Aufbruchstimmung, die er dem Gärtner vermittelt. Jedes, und sei es das blödeste Projekt, das er um diese Zeit im Garten beginnt, geht er mit dem unerschütterlichen Glauben an dessen Gelingen an. Diese Zuversicht wird selbst durch die Erfahrungen vorausgegangener Fehlschläge nicht gemindert. Es ist das vermutlich dieselbe Euphorie, mit der zu Goethes Zeiten junge Männer

schwärmerische Gedichte auf Damen verfassten, die sie sich bei späterer Begegnungen mit dem Objekt ihrer Lyrik nicht mehr erklären konnten. Mit ähnlicher Verwunderung wird der Gärtner im Herbst vor einem Beet stehen und sich entgeistert fragen, was, um alles in der Welt, ihn bewogen hat, sieben Astern an eine Stelle zu pflanzen, wo bestenfalls für drei Platz gewesen wäre. Irgendwie wirkt der Garten im Frühjahr einfach geräumiger, vielleicht schrumpft er im Laufe des Sommers durch irgendwelche kosmischen Einflüsse, die noch unbekannt sind. Die Wissenschaft müsste sich einmal näher mit diesem Phänomen befassen.

Manches, was den Frühling besonders reizvoll erscheinen lässt, beruht zweifellos auf subjektivem Empfinden. Es gibt Ortschaften, wenn man sich in denen längere Zeit aufgehalten hat, findet man es überall schön. Vielleicht stammen Sie selbst aus einer solchen und können sich daher regelmäßig an dieser Erfahrung erfreuen. Ebenso bereitwillig begeistern wir uns schon über wenige Blüten in einem noch kahlen Umfeld, wenn wir Monate voll winterlicher Öde und Dunkelheit hinter uns haben. Davon abgesehen, ist der Garten im Frühjahr tatsächlich auch objektiv am schönsten, weil jetzt der Auftritt zahlreicher Pflanzen stattfindet, von denen das ganze restliche Jahr nichts mehr zu sehen sein wird. Selbst unter großen Bäumen, unter denen den ganzen Sommer hindurch nichts mehr wachsen will, weil es zu trocken und womöglich auch zu dunkel ist, breiten sich jetzt ganze Teppiche von Blüten aus, die im Spiel des durch die noch unbelaubten Kronen einfallenden Lichts an impressionistische Gemälde erinnern. Neben Obstbäumen und einigen Sträuchern sind es vor allem die Frühblüher – oder, wie der Botaniker sagt: Geophyten – die für den Naturgärtner untrennbar mit dem Frühling verbunden sind. Sie verdienen es, sich näher mit ihnen zu befassen.

Von den Frühblühern

Ein Leben ohne Frühblüher ist wie ein Leben ohne Katzen: Es ist möglich, aber sinnlos. Nichts vermag einen Garten so mit einem Schlag völlig zu verwandeln wie das Aufblühen von Geophyten. Ein winterlicher Garten wirkt so trostlos wie ein alter, verknöcherter Spießbürger, der auf einer Parkbank sitzt und herumnörgelt. Der Gärtner selbst ist da machtlos, mag er auch noch so viel dagegen anvertikutieren, harken und schnippeln. Gegen Trostlosigkeit hilft keine Emsigkeit. Gegen Trostlosigkeit hilft nur Unbekümmertheit. Wer einmal erlebt hat, mit welcher Unbekümmertheit Frühblüher die Miesepetrigkeit des winterkahlen Gartens wegzaubern, der wird nie wieder ohne sie sein wollen. Das funktioniert allerdings nur, wenn man sie gewähren lässt. Auf den Zwiebelpackungen und in Gartenbüchern erscheint in diesem Zusammenhang oft der Hinweis, Frühblüher seien „zum Verwildern geeignet". Ich habe diese Formulierung immer missbilligt. Sie klingt, als würden die Frühblüher, sobald man nur den Rücken kehrt, alle guten Sitten vergessen und nachts im Garten schmutzige Lieder grölen. In Wahrheit ist damit gemeint, dass sie ihre Wirkung nur dann richtig entfalten können, wenn sie sich weithin vermehren können und große Bestände bilden dürfen. Dazu freilich wollen sie ungestört sein, nicht nur während der Blüte, sondern auch in den Wochen danach, wenn sie ihre Blätter zur Sonne recken, um in einer neuen Zwiebel Reserven fürs nächste Jahr zu sammeln. Das ist vermutlich der Grund, warum heutzutage so viele, so bejammernswert viele Gärten gänzlich ohne Frühblüher sind. Mähwütige Gartenwebel und Minimalisten ertragen es nicht, wenn sich etwas außerhalb ihrer Kontrolle entwickelt. Wenn man bedenkt, was ihnen damit entgeht, könnte man sie bemitleiden, aber ich bemitleide sie nicht. Sie sind an ihrer Misere selbst schuld. Wer dem Glück seine Chance missgönnt, muss eben weiterhin in seiner eigenen Schäbigkeit dahinfretten. Für den Naturgärtner sind Frühblüher dagegen geradezu ideale Pflanzen, und er wird nicht ruhen, bis er jeden denkbaren Lebensraum in seinem Garten mit ihnen besiedelt hat.

Auf sonnigen Wiesen und Rasenflächen fühlen sich Krokusse wohl. Die farbenfrohen botanischen Mischungen, die man im Handel bekommt, enthalten neben dem heimischen Frühlingskrokus (Crocus albiflorus) auch Arten, die ursprünglich aus Steppengebieten stammen. Sie ertragen problemlos auch starke Sommertrockenheit. Das Gleiche gilt auch für die botanischen Wildtulpenarten, die nicht weniger attraktiv, aber ungleich dauerhafter und robuster sind als die Hochzuchtsorten. Etwas später gedeihen auf denselben Flächen gelbe Narzissen (Narcissus pseudonarcissus) und Dichternarzissen (Narcissus poeticus-recurvus).

Ich habe nie verstanden, was Blumenzwiebelzüchter bewogen hat, die beiden Arten zu kreuzen. Die Mischung ergibt, wie nicht anders zu erwarten, ein mattes Beige, das weder dem leuchtenden Goldgelb der einen noch dem geradezu strahlenden Weiß der anderen Elternart an Attraktivität gleichkommt. Man muss einmal erlebt haben, wie eine Gruppe Dichternarzissen bei einsetzender Dämmerung förmlich zu leuchten beginnt. Sie erinnern unwillkürlich an tanzende Elfen aus alten Märchenerzählungen. Ihr später Blütezeitpunkt macht sie besonders wertvoll; sie blühen erst im Mai, wenn der Auftritt der anderen Frühblüher schon vorüber ist.

Auf frischen bis feuchten Wiesen gedeihen der Märzenbecher (Leucojum vernum) und die zauberhafte Schachbrettblume (Fritillaria meleagris). Sie bringt tatsächlich das Kunststück fertig, ein Muster aus winzigen Karos zu tragen, ohne dabei kleinkariert zu wirken, was den meisten Menschen nicht gelingen will. In besseren Zeiten teilte sie sich gern den Lebensraum mit einem geflügelten Frühlingsboten, was ihr auch den Beinamen „Kiebitzblume" eingebracht hat. Im Garten muss sie sich meist mit Amseln als Gefährten begnügen, was ihrem Reiz jedoch keinen Abbruch tut.

Wie in Mitteleuropa nicht anders zu erwarten, entstammen die meisten unserer heimischen Frühblüher ursprünglich Laubwäldern. Damit sind sie wie geschaffen zur Unterpflanzung großer Bäume, Strauchgruppen, Hecken und ähnlicher Herrlichkeiten, auf die der Naturgärtner unter keinen Umständen verzichten kann, weil sein Leben ohne sie ebenso sinnlos wäre wie ohne Katzen und ohne die Frühlingsblüher, die er, wie eben gesagt, darunter pflanzt. Beschattung und Wurzelkonkurrenz durch Gehölze machen ihnen als erfahrenen Waldbewohnern gar nichts aus; dafür schätzen sie umso mehr die Wohltat einer ganzjährigen Laubdecke, die ihnen nicht nur Schutz, sondern auch beständige Versorgung mit bestem Humus garantiert. Dass diese Laubdecke folglich nicht in fehlgeleiteter Putzwut entfernt werden darf, braucht man einem Naturgärtner nicht zu sagen. Ich erwähne es auch nur deshalb, weil heutzutage so viele Zeitgenossen einen Laubbläser in der Garage und einen Staubsauger im Stammbaum haben.

Die Anzahl der gartenwürdigen Arten ist fast unüberschaubar. Daher erwähne ich hier mit jener Selbstbescheidung, die einer meiner edelsten Charakterzüge ist, nur die wichtigsten, nämlich das Schneeglöckchen, den Winterling, das wunderbare zweiblättrige Blausternchen, den hohlen Lerchensporn, den gefingerten Lerchensporn und die Frühlingsanemone. Andere, die nicht minder wunderbar sind, hier aber zu weit führen würden, wie das Leberblümchen, das Buschwindröschen, das gelbe Windröschen, das Frühlingsalpenveilchen, das Hasenglöckchen und die blaue Traubenhyazinthe lasse ich dagegen außen vor, ebenso wie eine Reihe weniger bekannter Arten wie die Hundszahnlilie, den nickenden Milchstern, den traubigen Milchstern, den Waldgelbstern und das Scharbockskraut. Dagegen möchte ich ausdrücklich den Bärlauch empfehlen, der zwar nur unauffällig blüht, dessen Blätter aber eine hinreichend bekannte Delikatesse sind. Er samt sich bereitwillig aus und bildet binnen weniger Jahre so große Bestände, dass auch der hungrigste Gärtner genug stehen lassen muss, um die Pflanzen nicht zu schädigen.

Nicht nur den Bärlauch, sondern auch eine Reihe anderer Frühblüher kauft man übrigens am besten als blühende Pflanze im Topf und pflanzt sie mit dem Wurzelballen ein. Etliche Arten vertragen es zwar, wie Steckzwiebeln getrocknet und verkauft zu werden, andere aber, wie Schneeglöckchen, Winterling, Lerchensporn und Anemonen sind nach monatelanger Lagerung außerhalb der Erde meist so tot wie eine ägyptische Mumie. Da gerade diese Arten sich besonders rasch und bereitwillig vermehren, reichen einige wenige gepflanzte Exemplare allemal aus.

Der Naturgärtner spart freilich ohnehin nicht an seinen Pflanzen; das behält er sich für weniger Wichtiges vor. Wenn nötig, fährt er Fahrrad statt Auto und beschenkt seine Lieben mit kreativ Handgebasteltem statt teuren Konsumschrotts, nicht, weil er von alternativer Gesinnung wäre, sondern weil im Garten die Anschaffung neuer Pflanzenarten ansteht, ohne die das Leben so sinnlos wäre wie ohne Katzen, ohne Frühblüher, ohne große Bäume sowie ohne Hecken. Man muss Prioritäten setzen können. Freilich wird mitunter auch eine botanische Investition zum Fehlschlag; bei Frühblühern geschieht das aber kaum jemals.

Besucht der Gärtner im Frühjahr seine Geophytenbestände, so sieht er seine bescheidenen Einlagen hundert – oder gar tausendfach verzinst. Wo sonst würde er eine solche Rendite bekommen?

Im Untergrund

Wohl jeder Gärtner gleicht insofern einem Maulwurf, als er einen nicht unbeträchtlichen Teil seines Lebens damit beschäftigt ist, im Boden zu wühlen. In erster Linie ist es ihm dabei um die Verbesserung des Bodens zu tun. Was aber ist ein guter Boden? Wollte der Naturgärtner diese Frage erschöpfend beantworten, müsste er einen mehrstündigen Vortrag über geobotanische Wechselbeziehungen halten, der jedoch an dieser Stelle aus Platzgründen unterbleiben muss. Ein heute weitgehend in Vergessenheit geratener Naturgärtner namens Albert Einstein fasste die Quintessenz dieser Zusammenhänge dahingehend zusammen, dass alles relativ sei. Oder mit anderen Worten: es kommt darauf an.

Unsere Vorfahren hatten es da einfacher. Sie bemaßen die Kriterien zur Bewertung eines Bodens weitgehend an den Bedürfnissen eines Gemüsegartens. Also: krümelig, locker, nährstoffreich, eben so, dass alles gut darin wachsen kann. Leider hat das einen Nachteil: Wo unbeschränkt jeder Zutritt hat, da setzen sich am Ende die rücksichtslosesten Proleten mit den stärksten Ellbogen durch. Meine Lieben – wem sage ich das? Es soll nicht nur Pflanzen so gehen.

Nun entdeckt aber der Naturgärtner, je weiter er sich mit seiner Leidenschaft vertraut macht, immer mehr botanische Schätze, deren Schönheit leider im umgekehrten Verhältnis zu ihrer Konkurrenzfähigkeit steht. Ihre Überlebensstrategie besteht nicht in präpotenter Verdrängung sondern in Genügsamkeit. In der Natur wachsen sie überall da, wo Mangel an Nährstoffen herrscht: in Mooren, auf Sanddünen, humusarmen Schotterböden oder Felsen. Streift der Gärtner in seinen Mußestunden durch solche Landschaften, so fühlt er mehr und mehr, dass er wenigstens einige dieser grazilen Geschöpfe in seinen Garten holen muss, weil er ohne sie nicht mehr leben kann. Wenigstens die Heidenelke, Karthäusernelke, Pfingstnelke, Pechnelke, Ästige Graslilie, Kuhschelle und das Frühlingsadonisröschen muss er einfach dauerhaft in seiner Nähe wissen; außerdem Wiesensalbei, Kalkaster, Feldthymian, Färberkamille, Natterkopf, Ochsenauge, Sonnenröschen sowie einige Besonderheiten, von denen ich hier nur die Zwergschwertlilie, den Rosmarinseidelbast, den Diptam, die Rote Spornblume und den Muskatellersalbei nennen will, dazu vielleicht noch – aber wir wollen für den Anfang nicht unbescheiden sein.

Das Problem ist nur: Würde er alle diese genügsamen, anspruchslosen und teilweise kurzlebigen Schönheiten in den schweren Lehmboden seines Gartens pflanzen, würden diese darin rettungslos untergehen. Selbst wenn der Gärtner sein weiteres Dasein ausschließlich der Aufgabe widmen sollte, ihnen und ihren Sämlingen übermächtige Konkurrenz vom Leib zu jäten: In einem undurchlässigen, pappigen, übermäßig nahrhaften Untergrund könnten sie dennoch nicht gedeihen.

Nun ist es nicht schwer, einen Magerstandort hochzudüngen, indem man ihn mit Kompost, Hornspänen, Guano, Pferdemist oder gleich mit Kunstdünger traktiert, aber einen schweren, fetten Boden in einen mageren, leichten zu verwandeln? Da hilft nur Austausch. Freilich kann man leichten Herzens einen Satz schreiben wie diesen: „Zu Beginn tausche man den Boden der Pflanzflächen mindestens 40 cm tief aus." Sehen Sie, ich habe es eben selbst geschrieben, und es ist mir nicht schwer gefallen. Das ist der Unterschied zwischen Fiktion und Realität. Fiktion ist das angenehme Dasein eines Ratgeber-Autors. Der Naturgärtner muss mit der Realität vorliebnehmen. Haben Sie schon einmal versucht, in gnadenlosem, halsstarrigem, unnachgiebigem Lehm eine Fläche, und sei es nur ein bescheidenes Beet von wenigen Quadratmetern, nur spatentief auszukoffern? Bei feuchtem Wetter geht es gar nicht, sofern man sich nicht binnen Minuten in einen unbeweglichen Lehmkloß verwandeln will, bei Trockenheit aber wird der Lehm hart wie ein verknöcherter, wertkonservativer Kapitalist. Spaten und Schaufel prallen wirkungslos an ihm ab, nur mit der Spitzhacke kann man sich zentimeterweise in ihn hineindrillen. Der Himmel allein weiß, wie Maulwürfe es schaffen, wahrscheinlich sind sie hydraulisch betrieben oder gedopt. In solcher Gegend einen missliebigen Mitmenschen zu ermorden und im Garten zu vergraben, ist der falsche Weg. Söhnen Sie sich lieber mit ihm aus oder gießen Sie ihn in Beton ein.

Die Unbill, die der Naturgärtner beim Aufbrechen eines solchen Bodens erleidet, wird ein wenig gemildert durch das Erstaunen über die vielfältigen Funde, die darin verborgen sind. Neben Steinen, Mörtelbrocken, Nägeln und allerlei Bauschutt sind es auch so unerwartete Dinge wie Trompetenventile, halbe Brillenfassungen, antike Münzen aus der D-Mark-Zeit, Topfscherben und ein verrosteter Wasserhahn. Besonders beunruhigend sind allerlei Knochen, die sich gar nicht so recht zuordnen lassen. Ein verkrusteter Gegenstand, der zunächst alarmierend einer Handgranate ähnelt, entpuppt sich dagegen bei näherer Begutachtung als verschollenes Tee-Ei. All dies und der Lehm selbst türmen sich nach und nach zu imposanten Hügeln, die nun irgendwie beseitigt werden müssen. Man könnte sie mit einem Container abfahren lassen, doch stehen dabei Gestellungs- und Standgebühren in einem so absurden Missverhältnis zu den eigentlichen Entsorgungskosten, dass der Naturgärtner diese Lösung im Allgemeinen verwirft. Ratgeberbücher empfehlen meistens, den Aushub nutzbringend wieder zu verwenden, beispielsweise zum Aufbau eines Hügelbeetes. Das erinnert etwas an die Umweltschutzbroschüren aus den 80-er Jahren, in denen geraten wurde, leere Joghurtbecher nicht wegzuwerfen, sondern Kresse darin zu ziehen. Wer braucht so viel Kresse? Und vor allem: Wer braucht so viele Hügelbeete? Nach einigem Nachdenken zieht der Naturgärtner es vor, seinen Lehmaushub in irgendeiner entlegenen Gartenecke abzuladen und den Zahn der Zeit darüber wuchern zu lassen. (Beachten Sie die Metapher; sie ist von selten erlesener Kühnheit).

Hat der Gärtner nach Tagen unter Verbrauch diverser Werkzeugstiele und Bandscheiben seine Auskofferungsarbeit vollendet, so folgt nun der anschauliche Beweis, dass zumindest manchmal im Leben und im Garten nach der Pflicht auch die Kür kommen kann. Nur wer sich tagelang wie ein lendenlahmer Regenwurm im Schneckentempo durch die Materie genagt hat, kann die euphorische Dankbarkeit beim Einbringen von Magersubstraten ermessen. Plötzlich fühlt sich der Gärtner von der Ameise zum Riesen verwandelt, plötzlich geht alles leicht, schnell und beinahe mühelos. Zudem ist es ein gestalterisches Vergnügen. Aus Sand oder Kiesgemischen kleine Dünen, Hügel oder Täler zu modellieren, womöglich gar wie ein Zyklop einzelne Felsbrocken zu platzieren, vermittelt dem Gärtner ein Hochgefühl, wie es sonst wohl nur einer Schöpfergottheit oder einem Baggerfahrer vergönnt sein mag.

Die anschließende Bepflanzung ist dagegen vergleichsweise unspektakulär. Das Geheimnis von Magerstandorten liegt in ihrer Dynamik; der Naturgärtner braucht sich daher nicht vorab über Einzelheiten den Kopf zu zerbrechen wie jene Gartenkünstler, die an Bepflanzungsplänen feilen wie an Opernpartituren und bei jedem Misston schmerzlich das Gesicht verziehen. Es genügen einige wenige Exemplare jeder gewünschten Art als Initialpflanzung. Genügsam, wie sie sind, brauchen sie kaum Anwuchspflege und bringen im ersten Jahr eine, wenngleich bescheidene, Blüte. Einige Wochen nach dem Samenfall erlebt der Gärtner beglückt, wie da, wo bisher nur ordinäre Gräser und Allerweltsgewächse gewuchert sind, ganze Teppiche winziger Sämlinge entstehen, die sich bereits im nächsten Jahr zu kräftigen Jungpflanzen entwickeln. Das Bild, das sie in der Blüte ergeben, ist immer wieder ein anderes; je nach Witterungsverlauf werden in einem Jahr bestimmte Arten dominieren, um im nächsten plötzlich wieder anderen den Vortritt zu lassen. Ob er dabei gestaltend eingreift oder sich auf die Rolle des Zuschauers beschränkt: Das Ergebnis ist immer wieder anders und Jahr für Jahr spannend.

Siedeln sich dann womöglich noch seltene Arten von selbst an, entwickeln solche Standorte ein massives Suchtpotential. Das erklärt, warum der Gärtner sich immer wieder aufs Neue der Mühsal ihrer Anlage unterzieht. Gründe dafür gibt es so viele wie Pflanzenarten. Ein besonders gewichtiger sind die Orchideen.

Von den Orchideen

Der Naturgärtner ist ein Mensch ohne Laster. Nicht, weil er asketisch, miesepetrig oder religiös wäre, sondern einfach deshalb, weil Ausschweifungen ihm keinen Genuss verschaffen. Er raucht zum Beispiel nicht; er hat es vielleicht einmal probiert, aber es gibt ihm nichts. Der Naturgärtner trinkt auch nicht. Er hat es einmal versucht, aber es gibt ihm nichts. Er ist auch immun gegen das Glücksspiel; er hat es einmal versucht, aber es gibt ihm nichts. Frauen? Nun ja – falls er ein Kind hat, so ist es jedenfalls ein Einzelkind.

Und dennoch gibt es Momente, in denen auch ein Naturgärtner schwach wird, nämlich immer dann, wenn er jenen Geschöpfen begegnet, die von einer Aura des Geheimnisvollen umgeben sind, die sich gärtnerischer Ergründung entzieht. Die Rede ist von den Orchideen. Von allen Kreaturen, die den Naturgarten bevölkern, sind die Orchideen die rätselhaftesten, da man nie so recht weiß, ob sie der Phantasie oder der Wirklichkeit zugehörig sind, oder, wie unsere keltischen Vorfahren es ausgedrückt hätten, dem Diesseits oder der Anderswelt. Bei allen anderen Naturgartenbewohnern fällt die Einordnung leichter. Heckensträucher, Igel und Nachtigallen – Diesseits. Gnome, Elfen und Nixen-Anderswelt. Nacktschnecken, Raupen und Kinder – Diesseits. Einhörner, Trolle und nette Nachbarn – Anderswelt. Und so weiter. Nur die Orchideen passen in kein Schema. Damit wir uns recht verstehen: Ich spreche hier selbstverständlich nicht von den tropischen Zuchthybriden, die im Gartencenter eines jeden Baumarkts erhältlich sind und auf der Fensterbank Jahrzehnte überdauern, sondern von den Erdorchideen der gemäßigten Zonen, die im Frühjahr plötzlich wie aus dem Nichts auftauchen, für kurze Zeit erblühen und dann wieder ebenso spurlos verschwunden sind. Ich schwöre, ich habe Jahre hindurch immer wieder Trockenrasen und Feuchtwiesen durchstreift, auf denen ich sie heimisch wusste, habe wie ein stöberndes Trüffelschwein zentimeterweise den Boden abgesucht und mit einem starken Fernglas die Umgebung durchforstet, ohne auch nur einen einzigen Austrieb zu entdecken. Wenige Wochen später fand ich dieselben Flächen dicht an dicht mit den Blütenständen von Knabenkräutern, Waldhyazinthen oder Mückenhändelwurz überzogen, die wiederum einige Wochen später verschwunden schienen, als ob es sie nie gegeben hätte. Dieses Schweben zwischen den Welten behalten die Orchideen auch im Garten bei. Wer einen blühenden Frauenschuh oder ein Helmknabenkraut genau in Augenschein nimmt, sieht zwar, dass sie tatsächlich da vor ihm stehen, dennoch ist er sich nicht ganz sicher. Er kann sie sehen, daran riechen, er kann sie sogar in einem Anfall von Kühnheit anfassen, wer aber sagt ihm, dass sie sich nicht im nächsten Augenblick in Luft auflösen? Und tatsächlich tun sie das oft genug; zwar nicht im nächsten Augenblick, aber bis zum nächsten Frühjahr. Denn es gibt wohl keine zweite Pflanze, die sich so unwahrscheinlich schwierig ansiedeln lässt wie gerade die Orchideen. Wobei „schwierig" vielleicht nicht das richtige Wort ist. Zutreffender wäre „unberechenbar". Es gibt Ignoranten, die Orchideen ahnungslos auf irgendeiner Pflanzenbörse kaufen oder – obwohl dies streng verboten ist – womöglich gar ausgraben und dann an irgendeiner Stelle im Garten einpflanzen wie Steckzwiebeln – und was geschieht? Was, frage ich, geschieht? Die Orchideen wachsen drauflos, als ob sie tatsächlich Steckzwiebeln wären und werden von Jahr zu Jahr üppiger.

Umgekehrt macht sich der kundige Gärtner genauestens mit den Standortansprüchen der von ihm ausgesuchten Arten vertraut, bewegt Tonnen von Erde, um unter Beigabe von Bims, Kalkschotter, Seramis, Vermiculit, Laubhumus, Sand sowie anderen, streng geheimen Zutaten seinen Pfleglingen ein zuträgliches Substrat zu komponieren, bestellt seine Pflanzen bei der besten Spezialgärtnerei, die er finden kann, pflanzt sie, sobald sie eingetroffen sind, unter Verbeugungen und Beschwörungsformeln ein, gesellt ihnen ausgesuchte, wissenschaftlich erprobte Begleitarten zu, deckt ihnen den Boden mit Kiefernstreu in penibel ausgesuchten Verwitterungsstadien ab, begießt sie nach Bedarf mit handgeschöpftem Wasser und schwimmt in Seligkeit , wen sie dann tatsächlich prächtig austreiben und blühen – nur um zu erleben, dass sie im nächsten Frühjahr auf Nimmerwiedersehen verschwunden sind. Warum? Das gehört zu den unbekannten Dingen zwischen Himmel und Erde, von denen schon Shakespeare gesprochen hat.

Fachleute sagen, der Grund liege im ungewöhnlich schwach entwickelten Wurzelsystem der Orchideen. Da sie keine Feinwurzeln ausbilden, seien sie zu eigenständiger Nährstoffaufnahme nicht in der Lage und könnten auf Dauer nur in Symbiose mit bestimmten Bodenpilzen überleben. Seien solche Bodenpilze am Gartenstandort vorhanden, so gedeihe die Orchidee, wenn nicht, dann eben nicht. Um solche Bodenpilze anzusiedeln, empfehlen die Fachleute, das Erdgemisch bei der Pflanzung mit pilzinfiziertem Spezialsubstrat zu beimpfen und den Effekt durch pilzförderndes Mulchmaterial zu unterstützen. Also bestellt der Gärtner mit der nächsten Lieferung besagtes Pilzsubstrat, mulcht und fördert – und was ist das Ergebnis? Nichts. Im nächsten Frühjahr ist vielleicht der Pilz noch da, nicht aber die Orchidee. Natürlich verzweifelt der Gärtner ob solcher Misserfolge endgültig und beschließt, das Beet umzugraben, seiner Leidenschaft abzuschwören oder sich zu erhängen. Er tut es nicht; stattdessen bestellt er zur nächsten Pflanzzeit neue Orchideen und befasst sich bis dahin umso eingehender mit den Geheimnissen ihrer Kultivierung. Von diesen Geheimnissen gibt es unendlich viele. Das geheimnisvollste unter ihnen ist die Frage, warum die Orchideen beim Züchter mit solch penetranter Verlässlichkeit gedeihen und im Garten nicht. Nach jahrelanger, geduldiger Forschung glaube ich, eine wissenschaftlich nüchterne Antwort gefunden zu haben: Die Züchter sind einfach Zauberer. Sieht man sie sich an, gibt es keine andere Erklärung. Sie haben überhaupt nichts Besonderes oder Auserwähltes an sich; sie wirken eher prosaisch, die meisten sind dick, machen nichts her und wenn man sie anruft, lärmen im Hintergrund Wellensittiche. Und doch stecken sie Orchideen ungeniert in kleine Plastiktöpfe, und die gedeihen darin ganz ohne Bodenpilze, Mulch und Beschwörungsformeln. Wer das zustande bringt, muss einfach ein Zauberer

sein. Natürlich gibt es Besserwisser, die behaupten, das habe gar nichts mit Zauberei zu tun, es liege vielmehr ganz einfach an einem Spezialdünger, der gegen Geld erhältlich sei und den jeder verwenden könne. Also kauft der Naturgärtner besagten Besserwissern solchen Dünger ab und verwendet ihn streng nach Gebrauchsanweisung.

Das Ergebnis ist negativ. Also doch Zauberei, ich habe es ja gleich gesagt. In der Hoffnung, die magische Wirkung könnte irgendwie im Pflanztöpfchen hängen bleiben, achtet der Gärtner beim Einsetzen seiner nächsten Neuerwerbung besonders darauf, den Topfballen nicht auseinander fallen zu lassen, damit quasi die Orchidee gar nicht merkt, dass sie umgepflanzt wurde und sich noch immer in der alten Heimat wähnt. Und tatsächlich funktioniert das auch – oder auch nicht. Es kann durchaus geschehen, dass von zwei gleichermaßen prächtigen Orchideen, die man nebeneinander in identisches Substrat setzt, die eine erfolgreich anwächst, während die andere eingeht. Es kann sogar vorkommen, dass in einer Pflanzung, in der die eingesetzten Orchideen nach der ersten Saison sämtlich verschieden sind, nach Jahren plötzlich wie aus dem Nichts blühende Exemplare der gleichen Art auftauchen und sich benehmen, als hätte es nie einen besseren Platz für sie gegeben. Damit sollten sich einmal die Nobelpreisträger befassen, anstatt an irgendwelchen kindischen Plänen für Marssonden oder dem Weltfrieden zu basteln. Bis dahin aber wird das Dasein eines Naturgärtners, den die Orchideenleidenschaft gepackt hat, weiterhin dem eines unglücklich Verliebten gleichen, der unverdrossen Nacht für Nacht Gedichte auf die Schwelle seiner Angebeteten legt und unter ihrem Fenster Lieder singt, ganz gleich, wie oft sie ihm die kalte Schulter zeigt. Mit einem Unterschied: So mancher unglücklich Verliebte, der nach Jahren der Hingabe doch noch erhört wurde, sah sich bei näherer Betrachtung vom Objekt seiner Begierde bitter enttäuscht. Ein Gärtner aber, dem nach zahllosen Fehlschlägen die Orchideen gedeihen, hat unfehlbar den Höhepunkt des Glücks erreicht.

Ein alter Naturgärtner hatte einst sein ganzes Leben der Ansiedlung von Orchideen in seinem Garten gewidmet, er hatte alle Rückschläge überwunden, verhärmt, aber ungebeugt, bis er schließlich doch Erfolg hatte. Endlich, als in einem wunderbaren Frühjahr im Schatten seiner Bäume die Frauenschuhe und Waldvöglein, in seinen Trockenbeeten Helmknabenkräuter und Ragwurze und an seinen Teichufern Breitblättrige Knabenkräuter und Sumpfstendelwurz blühten, streifte er das so lange ersehnte Szenario mit einem verklärten Blick, seufzte selig und starb.

Früh am nächsten Morgen war er wieder da und pflanzte Bocksriemenzungen ein.

Auf
Schatzsuche

Die Frage, woher ein Naturgärtner seine botanischen Schätze bekommt, mag einem Laien weniger kompliziert erscheinen als dem Gärtner selbst. Dass er sie liebevoll aus selbst gesammelten Samen heranzieht, dürfte allerdings eine romantische Legende sein. Sicherlich, im Einzelfall kann es schon einmal vorkommen, dass er auf einem Ausflug irgendwo am Waldrand eine Malva moschata mit geradezu leuchtend violettrosa Blüten entdeckt, während seine eigenen nur blassrosa blühen. In diesem Fall kehrt er, von einem untrüglichen Instinkt geleitet, genau zum Zeitpunkt der Samenreife aus jeder beliebigen Entfernung an die betreffende Stelle zurück, um sich einige Nachkommen dieser Besonderheit zu sichern. Ja, es kann sogar vorkommen, dass er die Grenzen der Legalität überschreitet, etwa dann, wenn er im botanischen Garten die Steingartenquartiere von blühenden Chaenorrhinum origanifolium geradezu überwuchert sieht, die auf absolut keiner Sortimentsliste zu finden sind. Dann wird er unter Missachtung sämtlicher Gebote und Vorschriften eine Samenkapsel stehlen kommen, um seine Beute im Alpingärtchen auszusäen. Schon im nächsten Jahr wächst und blüht sie dort ebenso üppig wie an ihrem rechtmäßigen Herkunftsort; die Pflanzen eines Naturgärtners sind nämlich ebenso gewissenlos wie er selbst. Dennoch bleiben solche Fälle die Ausnahme, da derartige Methoden der Pflanzenbeschaffung schon aus organisatorischen Gründen an ihre Grenzen stoßen.

In der Regel wird der Naturgärtner seine Pflanzen also kaufen müssen. Dabei sind ihm freilich die landläufigen, auf Massenkommerz ausgerichteten Gartencenter keine Hilfe. Man versuche nur mal, in der Gartenabteilung von Hornbach nach einem Erigeron karvinskyanus, einer Telekia speciosa oder einem Cytisus ratisbonensis zu fragen, da könnte man ebenso gut bei MacDonald's einen Hummer Thermidor im Reisrand bestellen. Natürlich ist das dem Kundigen nichts Neues; ich erwähne es auch nur, weil es immerhin möglich ist, dass sich unter den Lesern noch einige im Zustand gärtnerischer Unbeflecktheit befinden. Der Naturgärtner ist deshalb auf Spezialgärtnereien angewiesen, von denen gottlob auch in Zeiten von Handy und Internet noch einige vorhanden sind. Freilich sind diese Gärtnereien vielfach auch nicht mehr das, was sie einmal waren. Früher wurden sie noch von echten Idealisten geführt, die ob ihres erlesenen Sortiments weit und breit bekannt waren. Auf Kataloge, Bestelllisten oder ähnlichen neumodischen Firlefanz konnten sie verzichten; ihr Angebot wurde unter den dankbaren Kunden in mündlicher Überlieferung weitergegeben, und wer etwas davon haben wollte, rief im Betrieb an. Meistens ging dann niemand ans Telefon; war einem aber doch einmal das Glück hold, meldete sich nach dem 36. Läuten der idealistische Inhaber persönlich, wobei ihm der Unwillen über die Störung deutlich anzuhören war. Dann entschuldigte man sich devot für die Belästigung und machte sich erbötig, auf Wunsch zu einem späteren Zeitpunkt nochmals anzurufen. Worauf der Idealist in seiner langmütigen Güte erwiderte: „Ach, nun bestellen Sie eben, da Sie doch schon am Apparat sind. Sie kämen ja ein andermal ebenso ungelegen."

Und dann erst diese glücklichen Phasen nach der erfolgten Bestellung! Diese Tage der dauernd wachsenden Vorfreude, die sich zu Wochen reihten! Diese Euphorie, wenn dann endlich, endlich das lang ersehnte Paket eintraf, auf dem, von Hand und falsch geschrieben, der eigene Name prangte! Dieses nicht zu beschreibende Gefühl, wenn dann, neben einigen Töpfchen mit prächtigen Pflanzen, eine Bestellliste auftauchte, auf der hinter den meisten Artnamen der einfühlsame Vermerk „zur Zeit leider nicht lieferbar" stand! Heutige Gärtnergenerationen kennen das gar nicht mehr.

Heute hat leider in die meisten dieser Gärtnereien der Ungeist moderner Vermarktungsmethoden Einzug gehalten. Statt auf mechanischen Schreibmaschinen getippten Artenlisten erwarten den Besucher Internetseiten, statt seine Wünsche am Telefon einer grantigen botanischen Koryphäe ins Ohr zu hauchen oder mit zitternden Fingern vorgedruckte Bestellzettel auszufüllen, soll er heute irgendwelche virtuellen „Warenkörbe" packen und sich damit durch imaginäre Kassenportale zwängen. Die heutigen Inhaber dieser Gärtnereien begründen solche Neuerungen damit, den Kunden effizienter bedienen und ihm Zeit ersparen zu wollen. Damit zeigen sie, dass sie Ignoranten sind, die rein gar nichts von der Seele eines Naturgärtners verstehen. Andernfalls wüssten sie, dass der Naturgärtner gar nicht effizient bedient werden will; er will keine Zeit sparen, sondern sie in belehrendem und edlem Dialog mit Gleichgesinnten verbringen. Er sehnt sich nicht nach serviler Kundenfreundlichkeit, sondern nach Kompetenz, so rau und unverblümt sie auch sein mag. Sollte er etwa aus Unkenntnis einmal etwas für seine Gartenbedingungen Ungeeignetes bestellen, so hört er statt einer elektronischen Bestätigung viel lieber die harsche Replik: „Was willst du denn damit? Das ist ein rechter Scheißdreck. Das willst du gar nicht haben. Ich sag' dir jetzt mal, was du haben willst!"

Und doch, es gibt sie noch, auch im Zeitalter von Marketing und Rationalisierung, die wunderbaren, traditionsreichen Gärtnereien, die seit Generationen in Familienhand sind, in denen der Gründungsinhaber noch als ehrwürdiger Patriarch im Hintergrund wirkt und die sich weder den Launen der Mode noch der Knute des Kommerzes beugen, und schon gar nicht irgendwelchen antiautoritären Ideen von Kundenservice. Sie liegen meist etwas versteckt, in unwegsam-idyllischem Gelände, an ihrem Eingang hängt an einer tausendjährigen Eiche eine Glocke und wenn man diese läutet, erscheint ein ätherischer Jüngling mit loichtenden Augen; er ist Vegetarier und hat ein Waldorfschul-Abitur, und wenn der Naturgärtner ihm seine Wünsche nennt, zieht ein entrücktes Lächeln über sein Gesicht und er flüstert „Müsste da sein."

In solchen Gärtnereien kann man noch die seltensten botanischen Kostbarkeiten finden. Oder auch nicht. Denn wenn man an der Seite des ätherischen Jünglings durch die Pflanzenquartiere zieht, so scheint der Anordnung der Arten und Sorten auf den ersten Blick kein erkennbares System zugrunde zu liegen. Erst auf den zweiten Blick bemerkt man, dass tatsächlich überhaupt kein System vorhanden ist. Die Töpfe stehen in frohem Durcheinander, wann immer jemand etwas umtopft, umstellt oder hinzugibt, sucht er den Pflanzen fürsorglich den besten Platz und sie lohnen's ihm mit ihrem Gedeihen. Nur auf so profane Dinge wie alphabetische oder systematische Sortierung achtet niemand. So sind denn solche Gärtnereien stets bevölkert von einer Schar von ätherischen Jünglingen und zwar hoffnungsvollen, aber ratlosen Kunden, die, den suchenden Blick zu Boden gerichtet, andächtig durch die Beetreihen schleichen. Gelegentlich, wenn zwei Besucher in einem solchen Gang auf-

einandertreffen, durchbricht die weihevolle Stille ein geflüsterter Dialog etwa folgenden Inhalts: „Haben Sie vielleicht die Gentiana lutea gesehen?" „Nein, bedaure…Ich suche die Dactylorhiza majalis varietas alpestris…Sie haben nicht zufällig-?" „Nein, leider…Eine Dactylorhiza fuchsii hätte ich allerdings gesehen, die war da hinten links, gleich hinter den ausgebleichten Schädelknochen." „Ach nein, bei der war ich auch schon…na ja …dann noch recht viel Erfolg." „Danke, ebenso… vielleicht sieht man sich ja mal wieder…"

Naive Menschen, die natürlich ausnahmslos Neukunden sind, verlangen in solcher Lage mitunter den Inhaber zu sprechen. Ein kindisches Ansinnen, das von niemandem auch nur einer Antwort gewürdigt wird. Der Inhaber ist zwar da, aber er bewegt sich auf eigenen, Jahrtausende alten Umlaufbahnen durch seinen Betrieb, die nur Eingeweihten bekannt sind. Gelegentlich, in langen, gleichbleibenden Zeitabständen, taucht er einmal auf wie der Haleysche Komet, meist vertieft in ein Gespräch mit einem Stammkunden, bei dem er sich durch nichts und niemanden stören lässt. Versuchen, seine Aufmerksamkeit zu erhaschen, als da sind Rufen, Arme wedeln, Verbeugungen, Schwenken von Visitenkarten oder größeren Geldscheinen begegnet er, wenn überhaupt, mit einem leeren Blick, der durch den Wichtigtuer hindurch dringt und sich irgendwo am Horizont verliert. Dann verschwindet er, Arm in Arm mit dem Stammkunden. Als solcher gilt, wer mindestens in dritter Generation in der Gärtnerei einkauft. Neulinge, die erst seit 30 Jahren kommen, müssen sich mit den ätherischen Jünglingen begnügen.

Manchmal, wenn's gar nicht weitergeht, ruft man schließlich ein Faktotum, das eine jede solche Gärtnerei besitzt. Es heißt Wastl, Michi, Nazi (nicht, was Sie denken; es ist die Kurzform von Ignaz) oder Poldl und ist ein handfester, tatkräftiger Zeitgenosse. Wenn er erscheint, geht ein Ruck durch Deutschland, finden tut er auch nichts, aber jeder denkt, der könnte es. Dieser Wastl oder Michi schaut sich nur einmal kurz um und sagt: „Gentiana lutea? Die sind noch nicht so weit. Die sind frisch getopft und müssen erst noch anwachsen. Kommen Sie Anfang September noch einmal wieder." Dann nimmt er mit festem Griff zwei Töpfe, stellt sie ganz woanders hin und verschwindet in des Waldes Hintergrund. Nun ja. Kleine Rückschläge wie dieser können den echten Naturgärtner natürlich nicht vom Besuch solcher Gärtnereien abhalten. Was täte er ohne sie?

Dann also: Auf Wiedersehen im September.

Im Höhenrausch

Soweit der Naturgärtner, sehr zu seinem Leidwesen, kein Großgrundbesitzer ist, gehören Pflanzen, die ausgesprochene Offenlandspezialisten sind, zu den Dingen, die er weitgehend entbehren muss. Die meisten Arten besitzen ja gottlob genug Anpassungsfähigkeit, um irgendwo in seinem mehr oder weniger halbschattigen Reich ein ihnen zusagendes Plätzchen zu finden, jene aber, die in endlosen Weiten entstanden sind, machen derlei Kompromisse nicht mit: Die Bewohner von Mooren, Steppen oder Prärien. Sie haben sich zu lange daran gewöhnt, nach allen Seiten offenen Himmel über sich zu haben, als dass sie sich in der Nähe von Hauswänden oder Baumkronen wohl fühlen könnten. Ihr langsames Verkümmern mit anzusehen, ist so deprimierend, dass der Naturgärtner lieber ganz auf ihre Gesellschaft verzichtet. Er tröstet sich damit, dass sie ihren Zauber ohnehin erst in geeigneter Gesellschaft entfalten können. Blühende Moorwiesen wirken erst in Kombination mit Brachvögeln und Kiebitzen richtig, und Prärien kommen nur in harmonischem Zusammenklang mit Bisonherden zur Geltung. Was sollte man im Garten mit Bisonherden anfangen? Sie würden nur störend wirken.

Einen extremen Offenlandstandort aber gibt es, auf dessen Pflanzen der Gärtner auf Dauer nicht verzichten kann: Die Höhenlagen der Gebirge. Wann immer er in Fernsehdokumentationen, Zeitschriften oder Schaugärten einen blühenden Enzian oder Steinbrech, ein Edelweiß oder Kugelblümchen, eine Alpenaster, Alpennelke oder Spinnwebhauswurz sieht, ein stängelloses Leimkraut, Felsenblümchen oder einen Steinschmückel, eine Aurikel oder kriechende Nelkenwurz oder gar eine Silberwurz, Rostblättrige oder Bewimperte Alpenrose: Immer dann stöhnt der Gärtner in unbeherrschter Qual auf und kann sich der Erkenntnis nicht verschließen, dass ein Leben ohne diese Geschöpfe zwar möglich, aber sinnlos ist. Warum? So kann nur ein Ignorant fragen. Er möge sich bei nächster Gelegenheit selbst in den Anblick eines dieser Zauberwesen vertiefen, die so winzig und filigran wirken und doch so unverwüstlich sind, die auf kargstem Standort eine solche Fülle derartig leuchtender Blüten hervorbringen, dass es scheint, als stünde der kahle Felsuntergrund selbst in Blüte, und er wird verstehen. Wenn nicht, kann er sich gleich in die nächste Schlucht stürzen oder sich eine Tankstelle kaufen. Das Leben ist zu kurz, um einem Trottel die Welt zu erklären.

Bei aller Sehnsucht weiß der Gärtner natürlich, dass er in seinem Garten keinen passenden Platz für alpine Pflanzen hat, und so hat er auch nie versucht, sie zu kultivieren. Jedenfalls nicht wirklich. Allenfalls hat er gelegentlich am sonnigsten Halbschattenflecken, den er finden konnte, den Lehmboden gegen ein Schottersubstrat ausgetauscht, ein paar schöne Natursteinbrocken platziert, und, nun ja, vielleicht auch ein paar kleine Töpfchen mit Pflanzen eingesetzt, die in der Natur unter anderem auch in Gebirgen wachsen können, ganz wenige nur, eine Gentiana clusii, ein Leontopodium alpinum, eine Saxifraga caesia, ein paar Rosetten Sempervivum tectorum, zwei Aster alpinus und die beiden Globularia cordifolia, die die Versandgärtnerei freundlicherweise noch als Geschenk beigelegt hatte. Mehr nicht. Höchstens noch ein Töpfchen mit Silene acaulis und eines mit Saxifraga paniculata von der letzten Pflanzenbörse und die drei Draba aizoides, denen er ganz unvermutet in einem Gartencenter begegnet war. Das war alles, und es hat ohnehin nicht funktioniert. Trieben die Pflanzen im ersten Jahr noch etliche hoffnungsvolle Blüten, so kamen im Frühling darauf nur noch ein paar vereinzelte, und von da an hatte sich der Gärtner mit ihrem Laub zu begnügen, das auch immer spärlicher wurde. „Nix für ungut", schienen sie zu sagen, „aber was net passt, das passt net." Das muss man akzeptieren. So fügte sich der Gärtner ins Unvermeidliche. Wenn er fortan beim Besuch eines Schaugartens blühenden Gebirgspflanzen begegnete, so ging er mit der säuerlichen Entsagung eines zölibatären Pfarrers an ihnen vorüber.

Die Erleuchtung kommt dann, wie meistens im Leben, unerwartet. Eines Tages muss der Naturgärtner auf sein Garagendach steigen, um einen verstopften Abfluss zu reinigen. Das ist nun keine große Höhe, gerade mal zehn Leitersprossen, aber als er oben anlangt, findet er sich unversehens in einer anderen Welt wieder.

Aufgebrochen ist er in einer Garageneinfahrt, angekommen aber auf einem Berggipfel. Ringsumher ist alles offen, die Sonne scheint ungefiltert auf ihn herab, ein kräftiger Wind, der unter kaum zu spüren war, erzeugt jene frische Matterhornatmosphäre, die sonst nur in den Badezimmern englischer Hotels zu finden ist. Die Vegetation besteht aus einigen spärlichen Sedumpolstern, die den kargen Kiesuntergrund überziehen, und über ihm, ein Punkt am Firmament, kreist ein Steinadler. Gut, bei näherer Betrachtung entpuppt sich der Steinadler als Ringeltaube, aber was macht das schon? Hier, genau hier, liegt der passende Lebensraum für Gebirgspflanzen. Mehr noch: Hier lag er schon die ganze Zeit, jederzeit erreichbar über nur zehn Leitersprossen. Hier hätte der Gärtner ihn jederzeit finden können, wenn er das nahe Liegende getan hätte, das, was jeder Liebhaber alpiner Pflanzen auch in freier Natur tun muss: nach oben steigen. Die menschliche Begriffsstutzigkeit kann bisweilen zum Verzweifeln sein. Der Naturgärtner verzweifelt aber nicht; er hat jetzt Besseres zu tun. Es gilt, das lang Versäumte nachzuholen. Die ganzen dreißig Quadratmeter Garagendach in ein Alpinum zu verwandeln, wagt er freilich aus baustatischen Gründen nicht; ein Gebirgszug von drei Quadratmetern sollte aber statthaft sein. Er dürfte auch nicht mehr wiegen als zwei bis drei stämmige Bauarbeiter, die auch schon oben waren, ohne dass das Dach in die Knie ging. Die Grundstruktur dieses Gebirgszuges bilden Natursteinbrocken zwischen 20 und 40 cm Größe, Muschelkalksteine, die bei näherer Betrachtung die Spuren von Jahrmillionen an Erdgeschichte aufweisen: Auswaschungen, Einschlüsse, Abdrücke von Schneckenhäusern und Muscheln, die hier lebten, als die Gegend noch Meeresgrund war. Schon ohne Bepflanzung sind solche Steine faszinierend genug. Ihre Beschaffung bietet dem Naturgärtner Gelegenheit, wieder einmal seine kriminellen Instinkte auszuleben, denn er holt sie von einem Lesesteinhaufen in der Feldflur. Das ist verboten, denn Steine gehören zur Landschaft, ebenso wie die artenreiche Wiese, die früher an den Steinhaufen angrenzte. Jetzt tut sie das freilich nicht mehr, denn ein Landwirt hat sie umgebrochen, um darauf Mais für seine Intensivschweinemast anzubauen. Das wiederum ist erlaubt. Nicht alle Menschen sind so ruchlos wie ein Naturgärtner.

Dieser verwandelt sich nun in eine Kreuzung aus Gämse und Sherpa, um die Zutaten seines neuen Alpenparadieses über die bewussten zehn Leitersprossen himmelwärts zu balancieren. Neben den Steinen ist das jenes lehmgebundene Schottergemisch, das im Baustoffhandel unter dem garstigen Namen „Mineralbeton" erhältlich ist, und, mit etwas Sand und reifem Kompost vermischt und zwischen die Felsen gefüllt, das künftige Pflanzsubstrat darstellt.

In diesen neu geschaffenen Bergrücken übersiedelt er sodann die verkümmerten Überlebenden seiner bisherigen Kulturversuche nebst einer stattlichen Auswahl an Neuanschaffungen, die er bei einer Spezialgärtnerei für botanische Alpenpflanzenarten erworben hat. Es ist erstaunlich, wie viele Gebirgspflanzen auf drei Quadratmetern Platz finden. Noch erstaunlicher ist, wie schnell sie sich in diesem spartanischen Lebensraum etablieren. Schon die erste Blüte im darauf folgenden Frühling übertrifft des Naturgärtners kühnste Erwartungen. Jeder der grünen Gipfelbewohner scheint den Ehrgeiz zu haben, die anderen an Blütenfülle zu übertreffen. Konnte früher der Naturgärtner – sehr zu seinem Leidwesen – die Blütentriebe seiner Alpenpflanzen mühelos zählen, so wagt er diesen Versuch jetzt nur noch einmal, und zwar zu Vergleichszwecken bei den beiden Alpenastern, die bislang unten im Tal vor sich hinmurkelten. Im letzten Jahr hatten sie drei Blütentriebe, von denen einer noch in der Knospe einer Nacktschnecke zum Opfer fiel. Diesmal sind des Gärtners Zählversuche erfolglos: Bei hundert Blüten muss er aufgeben.

Diese Fülle findet auch bei anderen Beachtung: Allerlei Schmetterlinge, die dank der rastlosen Bemühungen moderner Landwirte und Gärtner kaum noch anzutreffen sind, darunter der Kleine Fuchs, der Admiral und einige Bläulinge, finden sich ein und leisten dem Gärtner bei seinen täglichen Gipfelexkursionen Gesellschaft. Weniger erwünscht ist die Ansiedelung einer Waldmaus, die, offenbar vom Drang zum Höheren getrieben, via Garagenwandbegrünung hier oben aufgetaucht ist und unter dem Stängellosen Enzian ein Mauseloch gegraben hat. Da alle Versuche, den karrieresüchtigen Nager zu vertreiben, scheitern, arrangiert man sich schließlich, geht sich aus dem Weg und kommt so dann doch störungsfrei miteinander aus. Das Leben im Hochgebirge erzieht zur Toleranz und weitet den Horizont für fremde Kulturen. Weiter unten in der Beengtheit der Täler vor sich hin frettenden Zeitgenossen bleibt diese charakterliche Läuterung versagt. Insbesondere unter Nachbarn und Passanten gibt es immer wieder einmal welche, die sich doch recht seltsam benehmen. Legt der Gärtner seine Leiter an, um sich mit Sitzkissen und Fotoapparat versehen aufs Dach zu begeben, so bleiben sie immer häufiger offenen Mundes stehen und reißen die Augen auf wie traumatisierte Eulen. Mancher würde solches Verhalten vielleicht irritierend finden, der Gärtner indes hat sich längst daran gewöhnt, dass die meisten seiner Mitmenschen hochgradig exzentrisch sind und daher Verhaltensweisen zeigen, die einem botanisch normal denkenden Geist unzugänglich sind. Sieht er sie wieder einmal in tumber Fassungslosigkeit ihm nachglotzen, so bedenkt er sie lediglich mit einem Völker verbindenden Lächeln und entschwebt nach oben. Anlass dazu gibt es reichlich, denn auch nach der Blüte liefern seine Gipfelregionen immer neuen Grund zur Faszination. Etwa, wenn das Stängellose Leimkraut es tatsächlich fertigbringt, über kahlen, gänzlich substratfreien Felsuntergrund einen dicken Teppich aus saftiggrünen Blättchen zu weben. Oder wenn im blanken Schotter zarte Keimlinge der Alpennelke auftauchen. Oder wenn zierliche Wolfsspinnen oder winzige rote Raubmilben geschäftig über Felsgrate und Geröllhänge huschen. Beobachtet der Gärtner sie länger, so werden plötzlich auch für ihn die drei Quadratmeter Alpinum zum unendlichen Gebirge, in dem er keuchend Steilwände erklimmt oder mit leisem Gruseln in gähnende Abgründe späht, ehe er sich auf einem Hochplateau im Schatten eines Rosmarin-Seidelbasts eine Pause gönnt. Vielleicht hat er sich die Perspektive der kleinen Spinnentierchen zu Eigen gemacht, vielleicht ist er aber auch selbst vorübergehend auf Sandkorngröße geschrumpft, für einen Naturgärtner ist das eine der leichtesten Übungen.

Als der Sommer kommt, ist freilich für solche Abenteuer nicht mehr so viel Zeit. Wochenlange Hitze und Trockenheit erfordern fleißiges Gießen, damit die Gebirgspflanzen keinen Schaden nehmen. Damit die Feuchtigkeit vorhält, muss das am besten in den Abendstunden, kurz vor Sonnenuntergang, geschehen. Das ist nun auch die einzige Zeit des Tages, in der der Gärtner sich noch länger auf dem Dach aufhalten kann.

Steigt er einmal untertags hinauf, so hat er alsbald das Gefühl, in der sengenden Hitze zu verdampfen. So muss es in der Wüste sein, ist dann sein erster Gedanke, und nachdem er diesen mehrmals gedacht hat, kommt eines Tages die nahe liegende Assoziation: Kakteen. Unter diesen Bedingungen muss man einfach Kakteen halten. Wobei der Gärtner nicht an Töpfe oder Schalen mit bedornten Insassen denkt, (Sie lesen richtig: Kakteen haben, botanisch gesehen, keine Stacheln, sondern Dornen) sondern an eine Miniaturwüstenlandschaft, wie er sie kürzlich im Botanischen Garten gesehen hat. Bekanntlich gibt es überraschend viele Kakteenarten, die winterliche Minusgrade vertragen, wenn sie dabei vor Nässe geschützt werden. Also könnte man sie hier oben halten. Muss man etwas tun, nur weil man es könnte? Jawohl. Zumindest dann, wenn es sich um Kakteen handelt. Kakteen gehören zweifellos zu den faszinierendsten Pflanzen der Erde, obwohl – oder gerade weil – man sich bei näherer Betrachtung nicht ganz sicher ist, ob es sich um Pflanzen handelt oder um urtümliche grüne Reptili-

en. Auge in Auge mit einem dieser uralten Gesellen, der im Schutz seines bizarren Dornenschmucks mit größter Gelassenheit an Stellen selbst von solcher Unwirtlichkeit ausdauert, dass eine Pflanze sie gar nicht ertragen könnte, fühlt man sich an Riesenschildkröten oder Wüstenechsen erinnert. Der Eindruck verstärkt sich bei längerer Bekanntschaft zusehends, doch gerade, wenn er sich bis zur Gewissheit gesteigert hat, tut das Urweltgeschöpf etwas, was keine Schildkröte oder Echse fertig brächte: Mitten aus Dornen oder Pelzhaaren heraus treibt es Blüten, leuchtende, herrliche, geradezu unwirklich scheinende Blüten, mal klein und zahlreich, mal riesengroß und vereinzelt. Ihre schimmernden Blütenblätter sind meist so zart, dass man sich gar nicht vorstellen kann, wie sie Hitze und Trockenheit widerstehen sollen, und tatsächlich halten sie meist nur ein oder zwei Tage. Dann verwelken und vergehen sie, und der Gärtner mag sich fragen, ob er sie wirklich gesehen oder nur geträumt hat – bis neue Blüten sich öffnen und der ganze Zyklus sich wiederholt.

So mancher ist dieser Faszination schon so gründlich verfallen, dass er den Kakteen zuerst sein ganzes Leben und dann seine ganze Wohnung geweiht hat, auch wenn er dazu auf Möbel, Ehefrauen und andere lieb gewordene Begleiter verzichten musste. Dagegen ist eine Freilandkultur auf dem Garagendach ein maßvolles Vergnügen. Es wäre allerdings unpassend, ein Kakteenbeet direkt neben ein Alpinum zu setzen. Zwar wachsen auch viele Kakteen in Höhenlagen, aber niemals neben Edelweiß und Enzian. In der Natur liegen 10 000 km und ein Ozean dazwischen, eine Entfernung, die sich durch mindestens zwei Meter Garagendach gestalterisch angemessen wiedergeben lässt.

Dort, auf der entgegen gesetzten Seite des Daches, errichtet nun also der Gärtner ein Stück texanischer Wüste. Das ist gar nicht so schwer, auch wenn er dazu das Material quer über den Atlantik schleppen muss. Er braucht ja nur die maßgebenden, charakteristischen Bestandteile – Lehm, Sand und Felsen – einzubauen und kann die entbehrlichen – Ölbohrtürme, Republikaner und die Bush-Dynastie – ohne Schaden weglassen. Kein Wunder, dass das nachgebaute Texas gelungener als das Original erscheint. Vollendet ist es freilich erst, nachdem im nächsten Frühjahr die ersten Bewohner – Escobarien, Echinocereen und Opuntien – Einzug gehalten haben. Es ist verblüffend, wie sie das bis dahin kahle Stück Dach verändern. Eine gekieste Dachfläche, die sinnlos in der Hitze vor sich hin schmort, ist so unerträglich öde wie ein Regietheaterstück, wirklich nur geeignet, den Betrachter in die Flucht zu treiben. Leuchtet in der flimmernden Luft aber die Blüte eines Echinocereus reichenbachii oder einer Escobaria vivpara, so wird daraus ein magischer Ort, an dem man sich plötz-

lich auf einen anderen Kontinent versetzt fühlt. In Verbindung mit dem Alpinum auf der anderen Seite gibt das dem Gärtner fortan Gelegenheit zu einem Kunststück, um das ihn Jules Verne beneidet hätte: Entert er seine Leiter empor, so geht er nicht aufs Dach, sondern auf eine kleine Weltreise: von den Alpen bis nach Amerika! In seiner Phantasie, meinen Sie? Das ist das Geschwafel von Erlebnispädagogen. Der Gärtner braucht keine Phantasie, um in ferne Welten einzutauchen, seine fünf Sinne genügen ihm. Es ist alles echt: der freie Blick von oben, der Wind, der Stein, die Polster der Felsenblümchen und die Rosetten von Steinbrech oder Hauswurz. Oder, fünf Schritte und 10 000 km weiter: Der glühende Sonnenschein, die sengende Hitze, der rissige Wüstenboden, über dem sich die Blütentrichter frei wachsender Kakteen öffnen. Was fehlt, sind nur die teuren Hotels und die schnatternden Touristen, und die fehlen keinem. Sollte dem Gärtner aber die schwindelnde Höhe der Berggipfel oder die Hitze des texanischen Sommers zu viel werden oder ihn unversehens das Heimweh nach dem heimatlichen Garten packen, dann muss er sich nicht auf Autobahnen oder Flughäfen abquälen, sondern einfach nur zehn Sprossen nach unten steigen.

Der Natur-
gärtner im
Sommer

Der Sommer ist für den Naturgärtner eine zwiespältige Angelegenheit. Das mag gartenfremde Zeitgenossen überraschen, denn für ein rechtschaffenes Mitglied der modernen Freizeitgesellschaft ist der Sommer einfach toll, ohne Wenn und Aber, zumal dann, wenn er den leicht wüstenhaften Charakter hat, den uns der Klimawandel immer häufiger beschert. Sommer, das ist große Ferien, Eisessen, jauchzender Frohsinn am Badesee und Urlaubsreise. (Letzteres kann natürlich auch Endlosstau auf vollsonnigen Autobahnen, verlorenes Fluggepäck, Hotel im Rohbau und unvergessliche Tage mit Durchfall auf einer außer Betrieb befindlichen Toilette bedeuten. Das ist dann nicht ganz so toll, wird aber in der Erinnerung erfolgreich ausgeblendet. So muss es jedenfalls sein, denn andernfalls würde der Pauschaltourist ja aus Erfahrung klug werden, nicht wahr? Wird er aber nicht).

Wie auch immer: für den Gärtner ist die Sache nicht so einfach. Für ihn hat der Sommer immer ein Sphinxgesicht. Darin unterscheidet er sich vom Winter, der, wenn schon sonst nichts, so doch zuverlässig und eindeutig schlecht ist. Die Bedeutung des Winters für den Gärtner lässt sich am besten durch den Ausspruch des international bekannten Meteorologen und Klimaforschers Prof. Dr. Dr. Klaus-Dieter Klarhölter (Wattenscheidt) charakterisieren, der seine in jahrzehntelangen, intensiven Forschungen erzielten Erkenntnisse in dem durchdachten Satz „Winter is' immer Scheiße" zusammengefasst hat. Kürzer, präziser ist das nie gesagt worden. „Winterfreuden", was auch immer andere Leute darunter verstehen mögen, existieren für den Naturgärtner nicht. Warum das so ist, werden wir, wenn die Zeit gekommen ist, noch genauer untersuchen; bis dahin aber lassen Sie uns um Himmels willen von etwas anderem sprechen.

Vom Sommer zum Beispiel. Der Sommer kann also so oder so sein, je nach Witterung. Das gilt natürlich auch für jede andere Jahreszeit, aber im Sommer ist die Wirkung stärker. Ein stark verregneter Sommer kann den Garten in einen alles verschlingenden Regenwald verwandeln, ein extrem trockener dagegen in eine langsam verödende Halbwüste. Ein Kompromiss wäre sinnvoll, aber, wie die Erfahrung zeigt, hält die Natur nicht viel von Kompromissen; sie ist kein Parteipolitiker. Extreme sind ihr lieber. Der fränkische Sinnspruch „Wenn scho', dann g'scheit" könnte vom Wettergott persönlich stammen. Wie mit dieser Vorliebe fürs Radikale umzugehen ist, stellt eine grundlegende Frage im Dasein jedes Gartenbesitzers dar. Das ist dann wie in einer Quizsendung: Verschiedene Kandidaten finden für dieselbe Frage ganz verschiedene Antworten. Der konventionelle Mainstream-Gartenbesitzer – das ist also derjenige, dessen Gartenbild von Hochglanzmagazinen und Gartencenter-Werbeprospekten geprägt ist – macht es wie die Landwirtschaft, das Militär, die Medizin und jeder andere Bereich, der von Wirtschaftsinteressen bestimmt ist: Er setzt auf technische Aufrüstung. Automatische Bewässerung, selbsttätige Mähroboter sowie der großzügige Einsatz von Kunstdünger und Herbiziden ermöglichen bei jeder Wetterlage Rasenflächen von klinischer Makellosigkeit, solange Geld und Leitungswasser fließen. Las Vegas und Abu Dhabi sind uns dabei leuchtendes Vorbild. Botanische Interessen brauchen darunter nicht zu leiden, denn der Mainstream-Gartenbesitzer hat keine. Kein Wunder, dass er von der Gartenindustrie, von den Sprinkler-Herstellern bis zum Landidee-Verlag, heiß geliebt wird.

Ganz anders der Naturgärtner, dieser wirtschaftsfeindliche Eigenbrötler. Er hat von jeher den Ehrgeiz, auch klimatischen Herausforderungen so zu begegnen, wie die Natur immer schon allen Herausforderungen begegnet ist, nämlich durch Einfallsreichtum, Vielfalt und Selektion. Letzteres bedingt auch den eisernen Grundsatz, dass alles, was in seiner jeweiligen ökologischen Nische nicht aus eigener Kraft bestehen kann, nicht mit Intensivbetreuung durchgepäppelt wird, sondern vergehen muss. Das ist das Gesetz der Evolution, und darin ist der Naturgärtner unerbittlich. Das gilt nicht nur für naturfremden Schnickschnack wie Rasenflächen oder Beetrosen, sondern für jede einzelne Pflanze, wie auch immer sie heißen mag.

Nun ist es in einem klimatisch ausgewogenen mitteleuropäischen Sommer nicht so schwer, unerbittlich zu sein. Eine kluge Auswahl und Vorbereitung der jeweiligen Standorte reichen für gewöhnlich aus, den pflanzlichen Bewohnern auch dann noch zuträgliche Lebensbedingungen zu schaffen, wenn die Witterung wieder einmal ihrer Leidenschaft für Extravaganzen frönt. Zuviel Regen ist sowieso kaum je ein Problem. Ausreichende Drainage vorausgesetzt, wird er selbst von trockenheitsliebenden Pflanzen eher als Erholung empfunden, und im Übrigen ist unsere heimische Vegetation seit vielen Jahrtausenden an das angepasst, was fröstelnde, blasenleidende römische Feldherren in ihren Schriften als „germanisches Schietwetter" zu bezeichnen pflegten, übersetzt natürlich. (Nach der lateinischen Originalbezeichnung frage man einen Altphilologen).

Auch Trockenperioden, die einen englischen Rasen bereits dem Farbton von Raucherzähnen annähern, bereiten dem Naturgärtner nicht wirklich Probleme. Trockenrasenpflanzen insbesondere zeigen, wie es sich für sie gehört, eine geradezu bewundernswerte Widerstandsfähigkeit gegen Wassermangel. Selbst wenn der Himmel wochenlang wie ein Werbeplakat im Schaufenster eines Reisebüros aussieht, begegnen sie auch auf staubtrockenen Sand- und Kiesböden aller Unbill mit dem sardonischen Lächeln unzähliger Blüten. Bei duftenden Pflanzen sorgen gerade anhaltende Hitze und Trockenheit für ein besonders intensives Aroma, das Wildbienen und Schmetterlinge zu schätzen wissen. Weniger hitzeverträgliche Geschöpfe wie Schattenstauden, Hauskatzen und Naturgärtner genießen dann bereits umso mehr das zuträglichere Mikroklima im Kronenschatten großer Bäume. Dass diese für jeden Naturgarten unverzichtbar sind, wurde schon mehrfach angemerkt; wer es bis jetzt nicht glauben wollte, hat spätestens in einem trockenen Hochsommer Gelegenheit, sich davon zu überzeugen.

Auch solche Pflanzen, die ganzjährig einen „frischen" Boden verlangen (für alle Unkundigen: das ist nicht etwa ein Boden, der gerade erst zubereitet wurde, sondern einer, der nie gänzlich trocken wird), also etwa Farne, Auwaldstauden oder Feuchtwiesenbewohner, finden auch im Hochsommer am richtigen Platz noch ihr Auskommen. In der Regel wird das der am tiefsten gelegene Bereich im Garten sein, wo sich, den Gesetzen der Schwerkraft zufolge, das Wasser am längsten hält. Für besonders feuchtigkeitsliebende Gewächse lässt sich dieser Effekt noch steigern, indem man zwischen ihnen Mulden anlegt und größere Steine eingruppiert, in bzw. unter denen sich am meisten Feuchtigkeit ansammelt.

So kommen selbst besonders anspruchsvolle und kostbare Pflanzen in der Regel gut über die Runden, und während ringsum Sprinkler und Wasserzähler auf Hochtouren arbeiten, freut sich der Naturgärtner seines vitalen, anpassungsfähigen Gartens. So soll es sein, und so ist es auch, zumindest, solange die Wetterextreme nicht allzu extrem werden. Wird der Himmel freilich seine enzianblau-blau-blaue Farbe gar nicht mehr los, kann das schon einmal merkliche Folgen haben. Das ist natürlich für den Naturgärtner kein Grund, von den Grundsätzen der Evolution abzuweichen. Wenn etwa die Nacktschnecken verschwinden, kann ihn das nicht wirklich erschüttern. So ist das Leben. Auch wenn Narzissen oder Knabenkräuter früher als sonst einziehen, nimmt er das mit jener weisen Gelassenheit hin, die ein Leben mit der Natur ihm beschert hat. Außerdem weiß er, dass sie, allen Widrigkeiten zum Trotz, nächstes Frühjahr wieder austreiben werden. Selbst wenn es dramatisch wird und Huperzia selago trockenheitshalber abstirbt, wahrt der Gärtner die Contenance. Kennen Sie Huperzia selago? Das ist eine Bärlappart, die man bei flüchtigem Hinsehen für eine von einem Nadelbaum abgebrochene Zweigspitze halten könnte. Entwicklungsgeschichtlich uralt, botanisch hochinteressant, aber im Garten jetzt nicht unbedingt so der Brüller. Das ist eben so; die Regel vom survival of the fittest gilt auch für das Unscheinbare, da ist der Gärtner ganz nüchtern und un-sentimental.

Wesentlich ist doch, dass der Garten als Ganzes lebt und sich in jeder Lage vital zu bewähren weiß. Auch, wenn mal Einzelne auf der Strecke bleiben: Dann nehmen andere ihren Platz ein; das Gesamtsystem wird dadurch nur gestärkt. Im Übrigen sagen dem Gärtner Vernunft und Lebenserfahrung, dass auch die längste Trockenperiode mal ein Ende hat und am Ende des Tunnels immer ein Regen kommt.

Und wenn nicht? Wenn aller Vernunft und Lebenserfahrung zum Trotz jedem Hochdruckgebiet ein neues Hochdruckgebiet folgt? Wenn die Hitzewellen zu einer gleichmäßigen Brandung werden und das infantile Jubelvokabular der Fernsehmeteorologen schon etwas eintönig zu werden beginnt? Wenn der Klimawandel direkt in den Alltag hineinwandelt? Es ist ja sicher sehr schön und bereichernd, wenn plötzlich Scharen von Taubenschwänzchen, Distelfaltern, Schwalbenschwänzen und anderen Südeuropäern im Garten auftauchen, wenn aber lieb gewordene und dazu noch botanisch kostbare Stauden dürrebedingt ihres Lebens nicht mehr sicher sind, wenn an ehemals feuchtschattigen Stellen plötzlich Risse wie Gletscherspalten im Boden klaffen und selbst Teiche auszutrocknen drohen, dann sieht sich der Naturgärtner einem Dilemma an Gewissensnot ausgesetzt. Es wäre alles anders, wenn er nichts tun könnte, wenn es faktisch keine andere Alternative gäbe, als sich wie ein verirrter Wüstennomade in sein Schicksal zu ergeben; dann setzt man sich eben gefasst an den Wegesrand, murmelt mit trockenen Lippen eine passende Koransure und stirbt gemeinsam mit seinen Pflanzen. Das ist zwar furchtbar, aber irgendwie einfacher. So aber bleibt dem Gärtner nur der aufreibende innere Konflikt zwischen seinen konzeptionellen Überzeugungen und der Möglichkeit einzugreifen. Da ist die durstende Pflanze, da ist der Wasserhahn. Und nun entscheide. In allen Gartenbüchern, die sich mit Trockenstandorten beschäftigen, vom „Kiesgarten" der großen Beth Chatto bis hin zu allerlei namenlosen Ratgebern, wird einem natürlich eindrücklich ans Herz gelegt, hart zu bleiben, da schon eine einzige Bewässerung eine ähnliche Wirkung habe wie ein Obstler auf einen bis dahin trockenen Alkoholiker. Aber was heißt das schon? Steht nicht auch in Heimtierratgebern, man solle seine Katze nicht im Bett schlafen lassen? Und schläft sie nicht trotzdem jede Nacht darin, bis man – seien wir ehrlich – ohne ihr Schnurren selbst schon nicht mehr einschlafen könnte? Wie also wird sich der Gärtner entscheiden? Richtig. Anfangs leidet er natürlich dabei wie ein Hund. Wie bei allem im Leben fällt auch beim Verstoß gegen die eigenen Grundsätze vor allem der Anfang schwer. Hat er dann erst einige Tage Teiche nachgefüllt und Stauden bewässert, fällt es zunehmend leichter; man gewöhnt sich eben an alles. Mehr noch: Ist die erste moralische Hürde einmal genommen, so verkommt man charakterlich mit einer Mühelosigkeit, die man sich selbst gar nicht zugetraut hätte. Hat der Gärtner zuerst noch in dem Bestreben, zumindest nur das dringendst Nötige zu tun, die Wassergaben noch so sorgsam abgemessen wie früher ein Quartiermeister auf einem Segelschiff, so wird ihm schließlich das nervige Kannenschleppen zu dumm und er greift kurzerhand zur Schlauchbrause. Wenn dann der Boden das Wasser so gierig aufsaugt, dass man ihn geradezu schlucken hört, wenn die Tropfen an Farnwedeln glitzern und schlaffe Blätter wieder zu prallem Leben erwachen, schwinden die letzten Hemmungen und den Gärtner erfasst ein Hochgefühl der Verschwendungssucht, um das ihn ein französischer Adeliger des 18. Jahrhunderts beneidet hätte. Sparsamer Umgang mit Ressourcen? Nachhaltigkeit? Das Wohl künftiger Generationen? Wer fragt danach? Heute geht es ums Überleben, allen Hitzewellen und Klimawandeln zum Trotz! Après nous le déluge –und außerdem hat das Wetter angefangen.

Trifft dann freilich der Naturgärtner während eines solchen Ausnahmezustands auf einen, womöglich eher konventionell eingestellten Gärtnerkollegen und fragt ihn dieser mit gramzerfurchter Miene: „Müssen Sie in Ihrem Garten auch dauernd so viel gießen?" – dann wirft sich der Naturgärtner in die Brust und gibt ihm mannhaft zur Antwort: „Ich gieße nicht. Ein Naturgarten braucht das nicht. Wenn man standortgerecht pflanzt, erhält sich das Ganze von selbst."

Und wird nicht einmal rot dabei. Na und? Behaupten nicht auch alle Eltern von ihren Kindern, dass sie hochbegabt seien und abends immer pünktlich zu Bett gingen? Schönfärberei gehört zu den Grundrechten, das darf man sich merken, ob es sich dabei um Regierungserklärungen handelt oder um Seidelbaste.

Aber nun verstehen Sie auch, was ich gemeint habe, als ich eingangs vermerkte, dass der Sommer für den Naturgärtner stets eine etwas zwiespältige Sache sei.

Essbares

Erstaunlich, wie viele Menschen der Überzeugung sind, ein begeisterter Naturgärtner müsse auch und vor allem ein begeisterter Gemüsegärtner sein. Besonders in den Verlagen für Ratgeberliteratur ist man offenbar in dem Glauben nicht zu erschüttern, die Liebe zur Natur würde auf einer Einbahnstraße durch den Magen führen. Kaum ein Naturgartenratgeber, dessen Inhaltsverzeichnis nicht durch Kapitelüberschriften wie „Im Gemüsegarten", „Der Selbstversorgergarten", „Naschgärten", „Alte Arten und Sorten neu entdeckt", „furchtbares – ach, Verzeihung: fruchtbares Hochbeet", und dergleichen mehr geziert wird. Im Gefolge der grünen Fressecke dürfen natürlich die üblichen Tipps zum „Pflanzen schützen ohne Gift", „Pflanzen natürlich stärken", „Nützlinge fördern", „Pflanzenschutz durch Mischkultur" usw. nicht fehlen.

Ich finde das merkwürdig. Wenn man schon Robinson Crusoe spielen will, dann sollte man es auch richtig tun; aber kein Naturgartenratgeber enthält Anleitungen, wie man Ziegen melkt, Schweine schlachtet, Tonwaren brennt, und trendige Fellkleidung schneidert. Möglicherweise herrscht in den besagten Ratgeberbuchverlagen die Meinung vor, ein Eremit müsse konsequenterweise auch Veganer sein, möglich aber auch, dass die Verlage sich vom Wesen eines Naturgärtners, und damit von der Zielgruppe ihrer Bücher ein falsches Bild machen. Wundern würde es mich

nicht. So was kommt vor. Wem es schon einmal vergönnt war, ein Gespräch mit einem Lektoratsleiter zu führen, der wird das bestätigen können.

In Wahrheit hat der Naturgärtner überhaupt kein Interesse daran, seine leider viel zu knapp bemessenen Pflanzflächen an Gewächse zu verschwenden, die in jedem Supermarkt in der Gemüseabteilung zu finden sind. Das wäre etwa so, als würde Hagenbeck seine märchenhaften Tropenaquarien mit Weihnachtskarpfen bestücken. Überdies steht der Aufwand, den domestizierte Nutzpflanzen verursachen, in keinem Verhältnis zu dem Ertrag, den ein einzelner Gärtner samt Anhang verwerten kann. Es ist ja nicht so, dass Gemüsepflanzen sich harmonisch und bescheiden in eine vielfältige Gartenumgebung einfügen würden. Gemüsebeete im Garten schaffen vielmehr eine Situation wie der mehrwöchige Besuch der Schwiegermutter bei einem Ehepaar mit einer Einzimmerwohnung. Bäume oder Sträucher in der Nähe gehen gar nicht, weil das pflanzliche Nutzvieh keine Nahrungskonkurrenz im Wurzelbereich verträgt und im Schatten unweigerlich zu murkeln beginnt. Versamende Blütenstauden sind tabu, weil man ihre Nachkommenschaft beständig aus den Gemüsebeeten ausjäten müsste. Gärtnerische Freizeitnutzung wie versonnenes Umherschlendern, Kontemplation oder gar kreative Träume entfallen vollends, es sei denn, der Gärtner brächte es fertig, in

20 cm breiten Beetzwischenräumen zu flanieren, seine Hängematte an Bohnenstangen zu befestigen und beim Anblick eines Kohlrabis ins Träumen zu geraten.

Immerhin haben Gemüsegärten eine starke Anziehungskraft für Tiere, hauptsächlich für Blattläuse, Nacktschnecken, Wühlmäuse und ähnliche Geschöpfe. Der Umgang mit ihnen vermittelt anschaulich die bittersüße Erkenntnis, dass das Leben nichts weiter als ein immer währender Kampf ist, vor allem für Gemüsegärtner. Überflüssig zu sagen, dass die heranwachsenden Genussmittel auch einen tadellosen Service in Form von Bewässerung, Jäten, Boden aufhäckeln und Mulchen verlangen, der vor jeder anderen Gartenbetätigung Vorrang haben muss. Hat der Gärtner dann sein Grundstück, seine Freizeit und seine Energie zur Gänze hingegeben, so wird ihm der Triumph zuteil, gleichzeitig vierzig kapitale Salatköpfe zu besitzen, von denen er bestenfalls einen essen kann. Mit den anderen mag er Bekannte beschenken, die darob bei seinem Anblick schon von weitem die Flucht ergreifen. Mit einem Wort: Ein Gemüsegarten ist eine existentielle Angelegenheit, eine Frage von alles oder nichts. Du lebst entweder ohne ihn oder für ihn. Man möge es dem Naturgärtner nachsehen, wenn er sich für ersteres entscheidet.

Auch sein Verhältnis zu Obstbäumen oder Beerensträuchern ist eher nachlässig: Er schätzt sie zwar als – vor allem in der Blüte – attraktive Gartenbewohner, was aber ihre unzähligen Früchte angeht, so teilt er sie bereitwillig und ohne Bedauern mit Staren, Amseln, Siebenschläfern und anderen Zeitgenossen, die schließlich auch leben wollen. Oder sollte er, wie es diverse grüne Ratgeber empfehlen, tagelange Einkochmarathons veranstalten, nur um dann festzustellen, dass er weder Apfelmus noch Kirschmarmelade mag? Gott behüte! Der Garten soll das Herz erfreuen, aber nicht im Magen liegen.

Dennoch wäre es ein Irrtum zu glauben, ein Naturgarten brächte nichts Essbares hervor. Die Anzahl seiner essbaren Pflanzen übertrifft die eines herkömmlichen Nutzgartens bei weitem, nur dass der Gärtner sie weder immer aufs Neue anbauen noch pflegen muss. Er muss sie nur ernten. Damit ist er zwar nicht ganz so erfolgreich wie die Vögel unter dem Himmel, die ja bekanntlich weder säen noch ernten und doch von ihrem Herrn erhalten werden, doch tut er es immerhin den Vögeln oder jenen Jäger – und Sammlervölkern gleich, die den Gedanken, Essbares erst anpflanzen zu müssen, heute noch lächerlich finden. Die Tatsache, dass sie bis heute überlebt haben, während die früheren Hochkulturen ausnahmslos untergegangen sind und die späten sich gerade anschicken, das Gleiche zu tun, scheint ihnen Recht zu geben.

Wie der Leser bereits richtig vermutet haben wird, sind – von einigen Obstsorten abgesehen – die meisten essbaren Gewächse im Naturgarten Wildpflanzen. Davon gibt es reichlich Auswahl. Die „Enzyklopädie der essbaren Wildpflanzen Mitteleuropas" (deren Autor übrigens ironischerweise Fleischhauer heißt), umfasst in ihrer neuesten Auflage 1700 Arten. Das sollte auch besonders anspruchsvollen oder gefräßigen Naturgärtnern genügen, selbst wenn die meisten Gärten vermutlich nicht alle aufgeführten Pflanzen beherbergen. Auch dürfte die theoretische Essbarkeit einiger Arten in der Praxis an ihre Grenzen stoßen. Beispielsweise ist eine vollständige Sättigung mit den Knollen von Knabenkrautorchideen heutzutage von Naturschützern nicht gern gesehen und die aufwendige Zubereitung von Eicheln, Schilfrhizomen oder Kiefernrinde dürfte den Nahrungssuchenden mehr Energie kosten als sie ihm an Kalorien einbringt. Solche Versuche sind wohl am ehesten für denjenigen interessant, der abnehmen und sich gleichzeitig den Ruf der Originalität verschaffen will. Auch die Möglichkeit, allerlei Teile von verschiedensten Pflanzen getrocknet und pulverisiert zum Strecken von Mehl zu verwenden, sollte man allenfalls ausnahmsweise nutzen, sonst treten alsbald die Verwandten auf den Plan und verfrachten einen mit unverhohlener Erleichterung ins Irrenhaus. Vernünftigerweise lässt der Naturgärtner daher alle die Gewächse, deren kulinarische Nutzung unverhältnismäßig viel Zeit und Wohnraum beansprucht, links liegen. Er beschränkt sich auf Pflanzenarten, die er einfach frisch verzehren oder zum Kochen verwenden kann, und das sind noch immer mehr als genug. Buchstäblich kein Gartenbereich, der nichts Essbares hervorbrächte.

Das reichhaltigste Nahrungsangebot gedeiht auf vielfältigen Blumenrasen oder Wiesenflächen. Hier wächst – vor allem im Frühjahr zur Zeit des Neuaustriebs – so viel Schmackhaftes, dass man sich unwillkürlich fragt, warum sich der Gärtner überhaupt noch die Mühe macht, solche Flächen zu mähen, statt sie einfach abzuweiden. Gänseblümchen, Schafgarbe, Nelkenwurz, Vogelmiere und Schaumkrautarten sind gleichermaßen als Salat, Küchengewürz oder einfach als Butterbrotbelag verwendbar, ebenso wie Sauerampfer, Braunellen, Fingerkraut- und Wegericharten, Huflattich, Storchschnabel und Gundelrebe. Wem das noch nicht reicht, dem bieten die verschiedenen Kleearten, Skabiosen, Schlüsselblumen, Taubnesseln, Wilde Möhre und Nachtkerze Abwechslung. Der wilde Majoran oder Origano ist als Würzkraut auch nicht gärtnernden Liebhabern der italienischen Küche bekannt. Selbst die jungen Triebe der Brennnessel ergeben, vorsichtig gepflückt und blanchiert, ein schmackhaftes Blattgemüse, das ähnlich reich an Eisen ist wie Spinat.

Auch die vom Gärtner wegen ihres Blüten- und Farbenreichtums so geschätzten Magerwiesen und Trockenrasen sind nicht nur für das Auge ergiebig. Die hier lebenden Würzkräuter südeuropäischer Herkunft sind freilich auch gärtnerischen Laien bekannt, doch beschränkt sich die kulinarische Verwendbarkeit beispielsweise von Thymian und Salbei keineswegs auf die Arten aus dem Mittelmeerraum. Auch die mitteleuropäischen Vertreter der Gattungen Salvia und Thymus sind aromatische Würzkräuter, umso mehr, je magerer und sonniger ihr Standort ist. Astern, Reiherschnabel, Färberkamille und Rote Spornblume sind freilich schon zu schön zum Essen, auch wenn die beiden letzteren mit ihrem starken Ausbreitungsdrang mitunter solche Gedanken nahelegen. Dagegen ist der kleine Wiesenknopf (Sanguisorba minor) geradezu prädestiniert für den Teller. Trotz seines hübsch gefiederten, graugrünen Laubes ist er insgesamt so unscheinbar, dass man ihn nicht unbedingt in größeren Mengen in den Trockenbeeten haben will. Das hält ihn jedoch nicht davon ab, sich vor allem auf kalkreichen Magerstandorten so eifrig zu vermehren, dass dem Gärtner gar nichts anderes übrig bleibt, als in ebenso eifrig aufzuessen. Vor allem die jung nachwachsenden Blätter sind sehr schmackhaft, und da er diese bei entsprechendem Rückschnitt pausenlos nachtreibt, kann man, ohne ihm zu schaden, die gesamte Vegetationsperiode hindurch an ihm herumnagen. Vermutlich deshalb findet man ihn in älteren Kräuterbüchern unter dem Namen „Pimpinelle" den Nutzgartenpflanzen zugerechnet.

Während Trocken- und Magerstandorte ihrer Natur gemäß viel Aroma bei wenig Blattmasse hervorbringen, sind Teich- und Sumpfanlagen eine Quelle der Üppigkeit. Viele der ebenso prächtigen wie starkwüchsigen, gelegentlich sogar wuchernden Wasser- und Uferpflanzen, wie Blut- und Gilbweiderich, Mädesüß, Baldrian, Beinwell, Minzen, Bachehrenpreis und Seekanne sind essbar. Selbst die starkwüchsigen Röhrichte wie Schilf- und Rohrkolbenarten sind ganz oder in Teilen essbar, was indes kein Grund sein sollte, sie an Gartenteichen, die kleiner als der Bodensee sind, anzusiedeln. Wenn sie nämlich einmal richtig zu wuchern beginnen, vermöchte selbst ein unter Heißhungerattacken leidender Gärtner ihrer nicht mehr Herr zu werden.

Auch Waldrand- und Heckenstandorte bringen weit mehr Genießbares hervor als die Früchte ihrer Bäume und Sträucher. Etliche der im Humus der Falllaubschichten wurzelnden Geophyten, wie Lungenkraut oder Platterbsen, lassen sich als Wildgemüse verwenden, und der Bärlauch gilt sogar zu Recht als Delikatesse. Die Früchte der Walderdbeere sind zwar kleiner, aber viel aromatischer als die meist wässrigen Turbozuchtsorten aus dem Supermarkt. Selbst die jungen, noch aufgerollten Wedel mancher Farne, wie etwa des Schildfarns oder des Tüpfelfarns, können es geschmacklich mit gezüchteten Salaten aufnehmen; dem Straußfarn

(Matteucia struthiopteris) wird von Feinschmeckern sogar ein spargelähnliches Aroma nachgesagt. Ob das zutrifft, vermag der Naturgärtner allerdings kaum zu beurteilen, denn die filigrane Symmetrie eines heranwachsenden Farntrichters zu zerstören, käme ihm ebenso wenig in den Sinn wie die Blüten seiner Wildrosen zu Marmelade zu verkochen. Eben das unterscheidet schließlich den Gärtner von Pflanzenschädlingen wie Kaninchen oder Vegetariern, dass er die Schönheit der Pflanzenwelt als vorrangig achtet, während jene nur alles sinnlos darniedermümmeln. Das ist auch, wie wir ja schon eingangs erwähnten, der Grund, warum ein

echter Naturgärtner es ablehnt, in seinem Garten Kulturgemüse anzubauen. Sollte nun allerdings ein fanatischer Gemüsegartenapostel ihn vorwurfsvoll fragen, wie es denn um den Gesundheitswert seiner essbaren Wildpflanzen bestellt sei – dann, ja dann wird der Naturgärtner sich in die Brust werfen und ihm entgegnen, dass, Laboruntersuchungen zufolge, Wildgemüse im Mittelwert deutlich weniger Wasser, dafür aber 4,5 mal soviel Vitamin C, 2,3 mal soviel Vitamin A und 3,5 mal soviel pflanzliches Reineiweiß enthalten wie Kulturgemüsesorten. Diese ständige naturwissenschaftliche Besserwisserei, diese hochnäsige Verachtung jeder soliden ideologischen Weltanschauung gehören mit zu den unangenehmsten Eigenschaften eines Naturgärtners. Manchmal ist es wirklich schwer, mit ihm auszukommen.

Gartentiere

Es gibt eigentlich nur wenige Geschöpfe, die der Naturgärtner durchaus nicht und schon rein überhaupt nicht im Garten haben will; im Wesentlichen sind das spanische Wegschnecken, Kinder und Wildschweine. Diese haben, wo immer sie auftreten, auf die jeweilige Bepflanzung einen derart verheerenden Einfluss, dass man sie auch bei noch so ganzheitlich gesinntem Denken zu den Gartenschädlingen zählen muss. Von solchen Gartenschädlingen einmal abgesehen, kann der Naturgärtner von Tieren ebenso wenig genug bekommen wie von Pflanzen; das ist ein Merkmal seiner unersättlichen Wesensart, die zu erwähnen wir nun ja schon mehrfach Gelegenheit hatten. Seine Sehnsucht gilt dabei vor allem seltenen Tieren. Das ist keineswegs extravagant, sondern nur logisch. Mäuse und Amseln, beispielsweise, braucht er nicht herbeizusehnen, die sind eh überall. Braunbären, Luchse und Seeadler vermisst er dagegen in seinem Garten ebenso schmerzlich wie Biber und Fischotter. Das Gleiche gilt für Wanderfalken, Uhus und Birkhühner. Da zeigt sich, schon wieder einmal, der Fluch der räumlichen Beschränktheit, der widernatürlichen Enge. Schon ein einziges Rotkehlchen hat ein größeres Revier als unsereiner, das kann ja wohl nicht angehen. Am besten sind zweifellos noch jene dran, die das Glück haben, ein Grundstück in solcher Umgebung zu besitzen, die sich noch Landschaft nennen darf und nicht nur Gegend.

Ich kannte mal einen Botanikprofessor, der sich kurz nach der Wende im Rhinluch ankaufte, jener weiten Feuchtwiesenlandschaft unweit von Berlin, die schon Fontane in seinen „Wanderungen durch die Mark Brandenburg" beschrieben hat. Von seinem Garten aus hatte er freien Blick auf die umgebenden Luchwiesen; im Frühjahr sah er darauf die Störche schreiten, im Herbst die rastenden Kraniche und zu jeder Jahreszeit die Kolkraben. Streng genommen hatte er sie zwar nicht im Garten, doch da das Auge nicht nach Katasterlinien fragt, ließ sich darüber hinwegsehen. In solcher Umgebung kann auch der unersättlichste Naturgärtner glücklich sein. Besagter Botanikprofessor war es jedoch nicht, er wusste, dass man bei gutem Willen immer einen Grund findet, sich zu ärgern, und so tat er es auch. So ist der Mensch – aber das würde jetzt hier zu weit führen.

In der Regel wird der Naturgärtner, was Tierartenreichtum angeht, von seinem direkten Wohnumfeld nicht allzu viel erwarten dürfen. Also gilt es, die fehlende zoologische Vielfalt durch entsprechende Gestaltung des Gartens anzulocken. Dabei leistet nun wieder einmal die einschlägige Ratgeberliteratur unschätzbare Dienste. Sie hält so viele Rezepte zum Anlocken von Tieren bereit, dass man sie schon fast als Anlockliteratur bezeichnen kann. Von diversen Bauanleitungen für Wildbienen-nisthilfen über Sandhügel als Eiablage-platz für Eidechsen spannt sich der Bogen bis hin zu Spezialnistkästen für jede nur erdenkliche Vogelart und verschiedenen Fertighausmodellen für Igel. Jede dieser Abhandlungen schließt mit der strengen Mahnung, durch größtmögliche Vielfalt an Samen und Beeren tragenden Pflanzen für eine gesicherte Nahrungsgrundlage der anzusiedelnden Tiere zu sorgen.

Alle diese Ratschläge befolgt der Na-turgärtner mit peinlicher Genauigkeit, und schon bald kann er beglückt erste Erfol-ge verzeichnen, die oft sogar die Prog-nosen der Anleitungen übertreffen. Bei-spielsweise steht in den Anleitungen, bis zur Besiedelung von neu aufgehäng-ten Fledermauskästen könnten mehrere Jahre vergehen. Im Gegensatz dazu fin-det der Gärtner schon im ersten Frühjahr sämtliche Kästen besetzt, jeden von ei-nem anderen Wespenvolk. In den kleinen Höhlenbrüterkästen nisten Meisen und Feldsperlinge, in den Halbhöhlenbrüter-kästen Sperlinge, in den Schwalbennist-hilfen Sperlinge und im Starennistkasten Kleiber. Das überrascht, doch blieb den Kleibern vermutlich nichts anderes übrig, da im Kleibernistkasten Meisen nisten. Nur in den Sperlingsnistkästen nistet gar nichts. Sie sind vielleicht in der Bauweise etwas zu speziell. In der Igelkuppel wiede-rum wohnen Spitzmäuse, die ja ebenfalls zu den Insektenessern gehören.

Auch die Sandflächen für die Eidech-seneiablage sind ein voller Erfolg: Sie wer-den alsbald zum Wälz- und Badeplatz für die umliegenden Hauskatzen. Katzen neh-men nämlich leidenschaftlich gerne Sand-bäder, fast noch lieber als Hühner. Das ha-ben Sie auch nicht gewusst, geben Sie's zu. Sieht der Gärtner so einem kleinen Ti-ger zu, wie er adrett angeschritten kommt, an der Sandfläche Halt macht, mit den Pfötchen Konsistenz und Feuchtigkeitsge-halt prüft, sich dann, Kopf voran, seitlich hineinpurzeln lässt, wie eine Plüschwal-ze hin und her und her und hin rollt und dann glücklich und staubbedeckt davon tatzelt, dann weiß er, dass seine Bemü-hungen nicht umsonst waren. Übrigens würde eine Katze niemals ihr Staubbad beschmutzen, folglich missbraucht sie es auch niemals als Toilette. Dafür nimmt sie die Gemüsebeete des Nachbarn von ge-genüber. Das zeigt eindrucksvoll, wie in-telligent und einsichtig Katzen sind. Über-dies widerlegen sie durch ihr Verhalten im Naturgarten das arrogante Klischee, nur der Mensch verfüge über die Gabe der Phantasie. Eine Hauskatze mag Haus-tier sein, solange sie über die öde Rasen-fläche einer biederen Doppelhaushälfte schreitet: betritt sie aber einen Naturgar-ten , wird sie alsbald zum Tiger, zu einem richtigen, wilden Tiger, der durch den indi-schen Dschungel aus Heckensträuchern und Stauden pirscht, der majestätisch von Felsblöcken an Seeufern den Geräuschen des Urwaldes lauscht und schließlich den Ast eines tausendjährigen, von Apfelblüten geschmückten Baumriesen erklimmt mit jener geschmeidigen Eleganz, die sich nur deshalb des Kletterns bedient, weil Fliegen zu gewöhnlich wäre. Es ist nicht zu verkennen: Selbst ein kleiner Naturgarten wird, mit den Augen einer Katze gesehen, zu einer ganzen Welt voller Abenteuer. Kein Wunder, dass der Naturgärtner sie mitunter beneidet.

Immerhin, manchmal hält das Leben auch für ihn geheimnisvolle, spektakuläre Momente bereit. Etwa dann, wenn an seinem Teich im Frühjahr wochenlang der quäkende Ruf eines Erdkrötenmännchens zu hören ist, das er trotz aller Mühen nicht einmal zu sehen bekommt. Oder wenn er, völlig unvermutet, an demselben Teich eine leibhaftige Ringelnatter entdeckt, die auf einem Seerosenblatt ein Sonnenbad nimmt. Dann stürzt der Gärtner mit Lichtgeschwindigkeit ins Haus, um seinen Fotoapparat zu holen; kommt er damit wieder, ist von der Schlange nichts mehr zu sehen. (Natürlich fotografiert er trotzdem die Stelle, an der sie eben noch gesessen hat und zeigt das Bild stolz allen Bekannten und wehe dem, der sich dann nicht gebührend beeindruckt zeigt!)

Das besondere Augenmerk des Naturgärtners liegt natürlich auf der Bereitstellung eines breit gefächerten Nahrungsangebots in Form von blüten-, samen- und beerenreichen Pflanzen. Darauf weist ja, wie wir uns erinnern, die Ratgeberliteratur besonders eindringlich hin. Diesen Rat zu befolgen, fällt dem Gärtner schon deshalb nicht schwer, weil die kulinarischen Ansprüche potentieller Nahrungsgäste sich meist mit seinen eigenen gestalterisch-ästhetischen decken. Freilich zeigt sich auch hier wiederum bei der Gartentierwelt eine gewisse Eigenwilligkeit, die überhaupt ihr hervorstechendstes Wesensmerkmal zu sein scheint. Beispielsweise empfiehlt die Ratgeberliteratur den Sommerflieder (Buddleja davidii) nicht nur als attraktiven Zierstrauch, sondern auch als wahren Schmetterlingsmagneten. Was die Zierwirkung angeht, hat sie damit recht, auch wenn die Schmetterlinge ihn hartnäckig unbeachtet lassen. Besonders eindringlich legt die Ratgeberliteratur dem Gärtner den

Schutz unserer heimischen Wildbienen ans Herz. Diese sind, so die Ratgeberliteratur, seit Jahrmillionen eng an die Blüten ausschließlich heimischer Pflanzenarten angepasst und können deshalb mit exotischen Pflanzen absolut nichts anfangen, sehr im Gegensatz zu Honigbienen und Hummeln, die in proletarischer Wahllosigkeit alles anfliegen, was irgendwie Nektar hervorbringt. Tatsächlich: Wann immer der Gärtner die Blüten seiner zahlreichen heimischen Wildstauden und -sträucher inspiziert, findet er sie von Hummeln und Honigbienen bevölkert, die sich so präpotent darin aufführen, dass er am liebsten ihrem Imker eine Rechnung schicken würde. Nur Wildbienen sind nicht darin zu entdecken. Diese findet der Gärtner erst oben auf dem Garagendach, wo sie sich geradezu ekstatisch in den Blüten der Echinocereus-Kakteen tummeln. Insgesamt wäre ein sorgfältiges Studium der Ratgeberliteratur der gesamten heimischen Tierwelt dringend zu empfehlen. Nur die Vögel verhalten sich wenigstens in Ernährungsfragen halbwegs so, wie sie sollten. Zwar lassen auch sie die zähen Hagebutten heimischer Wildrosen links hängen, um sich dafür mit saftigen Feuerdornbeeren anzustopfen; wenn aber Löwenzahn und Disteln, Karden und Natternkopf Samen tragen, so kommen tatsächlich für einige Tage verschiedene Finkenarten in den Garten und bleiben, bis alles verzehrt ist. Dann verschwinden sie wieder. Wer woll-

te es ihnen verübeln? Würden Sie in einem Restaurant sitzen bleiben, in dem nichts mehr serviert wird? Also. Selbst ein geräumiger Hausgarten heutigen Zuschnitts vermag nun einmal den meisten Vogelarten nicht soviel Nahrung zu liefern, wie sie brauchten, um dauerhaft darin leben zu können. Pragmatische Biologen empfehlen daher schon seit Jahren eine ganzjährige Zufütterung. Das lehnen aber die Naturgartenratgeber mehrheitlich ab. Sie vertreten die Auffassung, Fütterung sei unnatürlich und beleidige den Stolz der gefiederten Gesellen, die ein Anrecht darauf hätten, ihre Nahrung in intakten Landschaften frei und ungebunden selbst zu finden. Solche intakten, nahrungsreichen Landschaften seien, so die Naturgartenratgeber, ganz leicht zu verwirklichen, dazu müsse man nur die Intensivlandwirtschaft zu ökologischen Anbaumethoden bekehren, sämtliche sterilen Gärten natürlicher werden lassen und einen Bewusstseinswandel in der Gesellschaft herbeiführen; dann würden unsere Vogelbestände ganz von selbst wieder zunehmen. Das muss jedem ganzheitlich denkenden Naturschutzjünger einleuchten.

Der Gärtner indessen, misstrauisch und obstinat, wie er nun einmal ist, hat seine Zweifel, ob die Vögel in seiner Umgebung die Verwirklichung des irdischen Paradieses noch erleben werden; im Übrigen ist er zu ungeduldig, darauf zu warten. Also vergeht er sich einmal mehr gegen die Grundsätze der Ratgeberliteratur und richtet in seinem Garten Futterstellen ein. Das Ergebnis ist erstaunlich. Nicht nur, dass die Bestände so „gewöhnlicher" Gartenbewohner wie Meisen, Sperlinge, Grün- und Buchfinken beträchtlich zunehmen, plötzlich entdeckt er auch Arten, die noch nie zuvor dauerhaft da waren. Etwa den imposanten Kernbeißer, der plötzlich regelmäßig im Futterhaus auftaucht, um mit bedächtiger Sorgfalt Sonnenblumenkerne zu knacken. Kleiber, Spechte und Eichelhäher, die früher allenfalls einmal als gelegentliche Gäste vorbeikamen und nun zu sesshaften Brutvögeln werden. Schön gezeichnete Wildtauben, die sich am Futterhaus zwischen den umherflatternden Kleinvögeln wie Riesen ausnehmen. Und in ihrem Gefolge halten nun tatsächlich auch jene Einzug, die man mehr in großflächigen Schutzgebieten als im Garten vermuten würde: Selten gewordene Greifvögel nämlich. Bisher musste sich der Gärtner mit dem Waldkauz begnügen, der als unsichtbarer nächtlicher Besucher mitunter eine Taube an ihrem Schlafplatz packte; nur ein Haufen verstreuter Federn verriet am nächsten Morgen den heimlichen Beutezug. Nun, da dank beständig vorhande-

nen Nahrungsangebots verlockend große Beutebestände da sind, tauchen auch andere Vogeljäger auf. Nun kann es geschehen, dass am hellen Tag eine Türkentaube von einem Habicht gepackt wird oder dass in eine Wolke von Sperlingen urplötzlich wie aus dem Nichts ein Sperber hineinstößt. Ehe Opfer und Zuschauer richtig erfassen, was geschieht, ist schon alles vorbei und der Naturgärtner kann vom Fenster aus verfolgen, wie der Jäger, auf einer Trockenmauer oder in einem Obstbaum sitzend, seine Beute rupft und sich einverleibt – Szenen, wie er sie bisher nur aus Tierfilmen kannte. Einmal gesättigt, wird das sonst so scheue, pfeilschnelle Phantom zu einem gemütlichen Gartengast, der nach beendeter Mahlzeit in aller Ruhe sein Gefieder pflegt und sich dann der Kontemplation hingibt. Er nimmt sichtlich keinerlei Anstoß daran, dass er seine Beute einer gänzlich unnatürlichen Futterstelle verdankt, und der Gärtner, wir müssen es leider gestehen, tut das auch nicht.

Es ist schon so: Je länger er die Tiere beobachtet, desto mehr verkommt er zu einem prinzipienlosen, opportunistischen Pragmatiker. Möge die Ratgeberliteratur es ihm verzeihen.

Der Unterschied

Die Frage, ob es einen grundsätzlichen Unterschied zwischen Tier und Mensch gibt, ist nach dem derzeitigen Stand der Wissenschaft zu verneinen. Soweit Unterschiede auftreten, sind sie gradueller Natur, im Ansatz aber gibt es in der Wesensart des Menschen nichts, was sich nicht auch beim Schimpansen fände. Zwischen einem konventionellen Gärtner und einem Naturgärtner jedoch gibt es einen grundlegenden, einen elementaren Unterschied, der wie ein bodenloser Abgrund zwischen ihnen gähnt und sie zu Bewohnern verschiedener Welten macht. Dieser Unterschied ist der Rasen.

Für den konventionellen Gärtner ist der Rasen unverzichtbar, Anfang und Ende jeden Gartens. Für den Naturgärtner dagegen gehört die Frage, warum, um alles in der Welt, man Rasen im Garten haben sollte, zu den ungelösten Mysterien der Menschheit. Dieser Gegensatz ist unüberbrückbar. Man kann vergleichsweise mühelos seine politische Anschauung, seine Religion, ja sogar seinen Fußballclub wechseln, die Hinwendung zum Rasen aber muss etwas Genetisches sein, wie die Hautfarbe oder die Begeisterung für Wagneropern. Anders ist sie einfach nicht zu erklären.

Am ehesten kann man noch jene jungen Neubau-Familien verstehen, die eigentlich keinen Garten wollen, sondern einen pflegefreien Kinder- und Hundeauslauf mit Grillplatz und Autostellfläche. In der Unschuld ihres kindlichen Gemüts halten sie Rasen für eine Art grünen Teppich, den man einmal verlegen lässt und der dann für immer und ohne weiteres Zutun so liegen bleibt. Kein Engel ist so rein. Immerhin: Sieht dann der ehemals makellose Rollrasen nach einigen Wochen so aus wie das Spielfeld des FC Gummersbach zum Saisonende, sehen sie ihren Irrtum ohne weiteres ein, lassen die Fläche betonieren und leben fortan glücklich bis an ihr seliges Ende. Doch solche beherzten Menschen sind eher die Ausnahme. Die Mehrzahl der Rasenbesitzer scheint dem Grundsatz „Lieber ein Schrecken ohne Ende als ein Ende mit Schrecken" zu huldigen. Ihr Rasen erinnert an das Fell eines räudigen Hundes, er ist im Frühjahr vermoost, im Sommer braungelb verbrannt, im Herbst morastig und im Winter nicht mehr vorhanden; außerdem gleicht seine Oberfläche zu allen Jahreszeiten einem Truppenübungsplatz nach einem Panzermanöver. Und doch halten sie mit der fanatischen Hingabe von Sektierern an dem Elend fest, zerraufen im Frühjahr die Moospolster, mähen wöchentlich Disteln und Hirtentäschelkraut kurz und bestürmen jeden Berufsgärtner, dessen sie ansichtig werden, nach dem Geheimrezept für einen tadellosen Rasen. Der Antwort des Gärtners („umgraben und standortgerecht neu bepflanzen") begegnen sie mit einem tiefen Seufzer und fahren in ihrem sinnlosen Tun fort. Sie betrachten den Rasen als einen unvermeidbaren Bestandteil des irdischen Leidensweges, ähnlich wie den Beruf oder die Ehefrau. Erlösung kann nur der Tod bringen. Das bessere Jenseits stellen sie sich als unendliche, grünsamtene Rasenfläche vor, über die die Gerechten Harfen klampfend hinwegwandeln. Als Marx die Religion „Opium des Volkes" nannte, muss er an die Rasenbesitzer gedacht haben.

Schon diese wunschlos Unglücklichen sind dem Naturgärtner ein Rätsel, doch sie finden nochmals ihre Steigerung in der Kaste der Rasenpriester, die ihr gesamtes Leben dem horizontalen Einheitsgrün weihen. Ihre Tage verbringen sie zwischen Rasenmäher, Wassersprinkler und Düngerstreuer, ihre nächtlichen Träume spielen in monochromem Grün und auf ihrem Grabstein prangt die Aufschrift „Bitte den Rasen nicht betreten".

In ihren Mußestunden aber, sofern ihnen die Rasenpflege noch Mußestunden lässt, kreisen ihre Gedanken um die Ergänzung des Grundgesetzes um den Zusatz: „Der Rasen des Menschen ist unantastbar" und die Einführung der Todesstrafe für Maulwürfe.

Die solcher Art gehegten Rasenflächen haben einen Wasserverbrauch und eine Energiebilanz wie Las Vegas zur Hauptsaison und zeichnen sich vornehmlich durch ihre gänzliche Nutzlosigkeit für jedes Lebewesen aus, aber sie sind grün, makellos grün, grün wie-wie-wie es so grün grünt, wenn Spaniens Blüten blühen.

Angesichts dieses Phänomens empfindet der Naturgärtner ein ähnliches Gefühl der Hilflosigkeit wie ein Gymnasiast in der Mathematikstunde. Er versteht es nicht, und es ist niemand da, der es ihm erklären könnte.

Einmal erschien einem Naturgärtner im Traum – er handelte von Pflanzen, wovon sollte ein Naturgärtner sonst schon träumen – es erschien ihm also im Traum eine Fee. Sie steckte den Kopf zwischen den Zweigen hervor und sprach zu ihm: „Grüß Gott", sprach sie, „ich bin eine Fee und vermelde dir hiermit, dass du einen Wunsch frei hast. Nenne mir denselben, und ich werde ihn, wie auch immer er lautet, erfüllen." Der Naturgärtner, der schon oft eine solche Situation herbeigesehnt hatte, zögerte keinen Augenblick. „Sag mir", begehrte er, „die Adresse einer Gärtnerei, bei der ich alle Pflanzen erhalte, die ich mir für meinen Garten wünsche." Die Fee, die noch nie mit Naturgärtnern zu tun gehabt hatte, war verblüfft. „Ich muss schon sagen, das ist ein seltsamer Wunsch", erklärte sie säuerlich, „ kann es nicht etwas anderes sein? Wie wäre es mit Geld, Macht oder schönen Frauen?" „Nein", sagte der Naturgärtner, „damit hat man nur Ärger. Ich begnüge mich mit der Gärtnerei, sofern sie auch wirklich alle von mir gewünschten Pflanzen im Sortiment hat." „Ja aber", stotterte die Fee, „wie sollte eine Fee Einfluss auf den Produktionsgartenbau nehmen?" „Das ist deine Sache", replizierte der Naturgärtner ärgerlich, „du hast mir den Inhalt des Wunsches ausdrücklich freigestellt. Ich muss auf Erfüllung bestehen; anderenfalls werde ich mich höheren Orts beschweren." „Das ist mir wahnsinnig unangenehm", flüsterte die Fee kleinlaut, „könnten wir uns da nicht vielleicht auf andere Weise einigen?" „Na schön", meinte der Naturgärtner, „eine Chance will ich dir noch geben. Enthülle mir eines der größten Geheimnisse der Menschheit. Warum opfern Menschen freiwillig ihren Garten einer Gras-

monokultur, auf der nichts blüht und die niemand betreten darf? Warum verzichten sie auf die Schönheit und Vielfalt der Pflanzenwelt und stecken stattdessen unendlich viel Zeit und Geld in eine öde Fläche, die immer gleich aussieht? Sage mir, oh Fee, warum legen Menschen Rasen an?"

Die Fee sah den Naturgärtner an, sie öffnete mehrmals den Mund und schloss ihn wieder, dann seufzte sie und breitete resigniert die Arme aus. „Es sei", sagte sie. „Soll es eine Versandgärtnerei sein?"

Ohne Lärm kein Fleiß

m die Schilderung der vielfältigen Beziehungen des Naturgärtners zu seiner Umwelt abzurunden, wird es sich nicht vermeiden lassen, auch auf seine unmittelbare menschliche Umgebung näher einzugehen. Auch Menschen, selbst Nachbarn, sind schließlich Lebewesen, auch wenn es nicht immer danach aussieht. Bei diesen Nachbarn, es lässt sich nicht leugnen, ist der Naturgärtner nicht immer so gut angeschrieben. Nicht, dass man ihm feindselig gesinnt wäre – das trifft höchstens auf Gartenwebel zu – aber man nimmt ihn nicht ganz für voll. Es wurde viel herumgerätselt, woran das liegen mag, und es wurden ebenso viele Erklärungsansätze gefunden: Naturentfremdung, pervertierte Ordnungsbegriffe, Konservativismus, verborgene Aggressionen, offene Aggressionen und dergleichen mehr.

Nichts davon trifft zu. Der wahre Grund, warum ein Naturgärtner sich unter seinen Nachbarn keine Achtung verschaffen kann, ist ganz einfach: Er macht keinen Lärm. Für den schlichten Durchschnittsbürger nämlich ist „Lärm machen" nicht nur Hauptbeschäftigung, sondern der alleinige und einzige Lebensinhalt. Das, und nicht etwa das Wohl künftiger Generationen, „der Glaube" oder die Bewahrung des Wahren, Guten und Schönen. Alles abstrakte Kopfgeburten, die im Alltag nichts bringen. Lärm aber, das ist die Demonstration von Tätigsein, Lebenskraft, Fleiß,

Rechtschaffenheit und Rangordnung. Ich lärme, also bin ich, und meine Kreissäge ist lauter als deine. Das ist ein großer Sieg. Findige Herstellerfirmen haben dies längst begriffen; es ist kein Zufall, dass motorisierte Gartengeräte mit die lautesten Motoren überhaupt haben. Bereits ein bescheidener Zweitakt-Rasenmäher stellt an Lautstärke locker einen 40-Tonner in die Ecke.

Zwar hat alles im Leben ein Ende, also auch eine Rasenfläche, aber zum Glück gibt es noch tausenderlei andere emsige Tätigkeiten, für die der moderne Mensch natürlich auch moderne Mittel hat. Das ist zwar nicht ganz billig, aber man kann sich's ja leisten, und für den Lärm bringt man im Übrigen gern ein paar Opfer. So hat denn mittlerweile jeder Reihenhausgärtner einen Maschinenpark, der für einen Gutshof ausreichen würde. Dementsprechend weist eine „ruhige" Wohnsiedlung zu ihren besten Zeiten einen höheren Lärmpegel auf als ein Industriegebiet.

Natürlich darf man sich nicht täuschen lassen. Zur Hauptarbeitszeit ist es zwar still, aber dann ist ja auch keiner zu Hause. Erst gegen fünf Uhr nachmittags zeigt der Beginn des akustischen Orkans den Feierabend an. Dieser findet nochmals seine Steigerung an den Samstagen. Zugegeben, es beginnt verhalten, denn als erstes wäscht Herr Schulze das Auto. Zwar tut er mittels Bayern-3-Begleitung auch hier sein Bestes, aber ein motorgetriebenes Scheibenwischleder wurde leider noch nicht erfunden.

Dann aber wird zum Halali geblasen! Wenn das Glück einem hold ist, gilt es einen dicken (ab 2 cm) Ast oder Stamm zu kappen, wofür natürlich nur eine Motorkettensäge in Frage kommt. Alsdann benötigt man eine Kreissäge, um den Stamm zu zerteilen. Nun kommt der allseits beliebte Schredder zum Einsatz, um das Zweigwerk zu zerkleinern, sowie ein motorgetriebener Laubsauger, mit dem man dem eventuell beim Sägen heruntergefallenen Laub zu Leibe rückt. Anschließend wird die rund 4m^2 große Nutzfläche bearbeitet. Der robusten Motorfräse sollte hier im Idealfall eine etwas kleinere Motorhacke folgen, denn sie macht den Boden noch feinkrümeliger. Ist auch etwas lauter. Hernach gibt es eine Zwangspause zum Zweck der Nahrungsaufnahme, und dann kommt der Höhepunkt: das Rasenmähen.

Der an sich schon beachtliche akustische Einsatz des Einzelnen wird hier durch das kollektive Zusammenwirken noch beträchtlich gesteigert und ergibt einen sehr eindrucksvollen Zusammenklang. Wer nicht Lippen lesen kann, sollte eine eventuell vorher begonnene Konversation jetzt abbrechen, um sich ganz dem Mäherlebnis hinzugeben. In der guten alten Zeit des Kalten Krieges hätte sich der Samstagnachmittag vorzüglich für eine sowjetische Invasion geeignet: Zur Hauptmähzeit wären selbst Panzerkolonnen mit Flugstaffelbegleitung unbemerkt geblieben. Man sollte meinen, solche Mähersymphonie ließe sich nicht mehr steigern, doch man meint falsch. Zu bestimmten, erhabenen Sternstunden nämlich, wenn die Planeten im rechten Winkel stehen und die Nerven nach Ruhe lechzen, kann es geschehen, dass alle Kreis -und Kettensägen, Motorfräsen, Rasenmäher, Schredder, Laubsauger und Kofferradios zugleich einsetzen. Was das für ein Gefühl ist, wenn all diese technischen Wunderwerke sich gleichsam klanglich vereinigen – also, das kann sich überhaupt keiner vorstellen. Man muss es erlebt haben. Das ist ein Effekt, wie ihn Wagner ein Leben lang angestrebt, aber nie erreicht hat. Nach einem solchen Gesamtkunstwerk muss der Schlussakkord ganz zwangsläufig etwas abfallen. Immerhin hat der gut ausgerüstete Gartenkommandant noch eine letzte Geheimwaffe in Reserve: den motorgetriebenen Rasenkantentrimmer. Das ist ein golfschlägerähnliches Gerät, an dessen Unterseite eine

Nylonschnur rotiert und renitenten Widerständlern unter den Grashalmen den Kopf abschlägt. Der Wirkungsradius dieser Grasguillotine entspricht etwa dem einer Nagelschere, doch der Lärm, den sie erzeugt, ist so überraschend, dass man gar nicht glauben mag, von all dieser Motorpotenz werde tatsächlich nur eine kleine Schnur bewegt. Übrigens gibt es dieses Gerät auch in Spielzeugausführung für Kinder, ohne Schnur zwar und damit ohne jegliche Funktion, aber – wie ich beglückt einem Katalog entnahm – mit „authentischem Motorengeräusch". Früh übt sich – na ja. Braucht es da noch einen Beweis, dass der Lärm das Ziel ist und nicht etwa die Arbeit?

So – und nun mal ehrlich: Was hat angesichts dieser geballten akustischen Schaffenskraft, die die Nerven seilspringen und das Trommelfell frohlocken lässt, ein armseliger Naturgärtner zu bieten? Gut, dann und wann gelingt einem mittels eines Froschteichs ein gewisser Achtungserfolg, aber das sind Ausnahmen. Im Allgemeinen ist der Naturgarten eine reine Dezibelwüste. Seine konjunkturfeindlichen Trockenmauern haben Zeit ihres Lebens weder einen Betonmischer noch eine Flexsäge zu sehen bekommen, seine Laubzonen schweigen ungesaugt vor sich hin, seine Baumkronen entfalten und – falten und – falten sich, seine Reisighaufen und Benjeshecken bringen ebenfalls keinen Schredderton heraus und Rasenkanten hat

er eh nicht. Gar nicht zu reden von seinem steinzeitliche Besitzer! Der bringt es fertig, eine ganze Blumenwiese ohne einen Laut von Hand zu sensen, und wenn er für seinen Blumenrasen schon endlich einmal einen Mäher verwendet, dann ist es einer jener tongeizigen Elektrognurpel, die sich von jedem Staubsauger übertrumpfen lassen. Und sonst? Einige Singvögel, ein paar Grashüpfer und ein schnurpsender Igel. Das ist schon nicht mehr Lärmfaulheit – das ist Unfähigkeit. Eine Unfähigkeit, die man übrigens nicht nur beim Laien, sondern selbst beim professionellen Naturgärtner antrifft. Wenn man bei diesen flüsternden Geheimniskrämern überhaupt von Professionalität sprechen kann. Man muss nur einmal hören, wie ein solcher Naturgartenbetriebsinhaber seine Mitarbeiter anwispert, als wüsste er nicht, was man dem Baugewerbe schuldig ist.

Ich habe einmal einen Galabau-Vorarbeiter erlebt, dessen Arbeitsanweisungen klangen wie der Brunftruf eines Brontosauriers; zweifellos genoss er bei seiner Kundschaft höchstes Ansehen. Ein andermal arbeitete ich mit drei Mitarbeitern längere Zeit in einem weitläufigen Garten. Auf dem Nachbargrundstück befand sich ein Thujahecken-Labyrinth, das von zahlreichen Gartenzwergen bewohnt wurde. Wir hatten etwa eine Woche dort gearbeitet, als wir den Herrscher der Zwergenschar zum ersten Mal zu Gesicht bekamen. Er war schätzungsweise 86, hatte eine Figur wie ein schmelzender Schneemann und keuchte bei jedem Schritt – doch was die Lärmproduktion anging, hatte er unsere gemeinsame Wochenleistung innerhalb von 10 Minuten überflügelt. Man kann's nicht beschönigen: der Naturgärtner hat zum Lärm einfach ein gestörtes Verhältnis.

Das geht so weit, dass er nicht etwa nur nicht kann, nein, er ist verstockt und will auch nicht. Er erdreistet sich, den Lärm sogar öffentlich zu schmähen, verlangt rücksichtslos nach Ruhe und behauptet frech, sich vom schallenden Fleiß seiner Nachbarn gestört zu fühlen.

Begreife es endlich, du zänkischer Sektierer: Lärm ist etwas Schönes. Etwas Heiliges. Der Lärm des Menschen ist unantastbar. Sein kläffender 2-Takt-Mäher ist nicht einfach ein Gerät, sondern eine Manifestation, sein Reviergesang, sein Metall gewordenes Selbstbekenntnis.

Du willst es nicht hören? Dann wiederholt er's gleich noch einmal und setzt mit dem Rasentrimmer ein Ausrufezeichen dahinter. So – und nur so! – funktioniert das Geheimnis des Erfolgs. Wer am lautesten röhrt, ist der Platzhirsch, und wer still ist, der ist nicht vorhanden. Merk es dir, Naturgärtner: Eigentlich gibt es dich gar nicht. Und daran werden auch deine Frösche und Igel nichts ändern.

Von der Natur-
verbundenheit

Viele Menschen glauben, ein Naturgärtner heiße deshalb „Naturgärtner", weil er ein ganz besonders naturverbundenes Leben führt. Nach dieser Logik müsste der Präsident des Kleintierzüchterverbandes ein Zwergkaninchen sein. Nun gibt es viele Wege, ein naturverbundenes Leben zu führen. Der heutzutage beliebteste ist es, in einem schicken Penthaus in der Stadtmitte zu wohnen, „Kraut und Rüben" zu lesen und in Internetforen über das Wohl künftiger Generationen zu philosophieren. Obwohl solche Leute selbst es dabei bewenden lassen, erwarten sie von einem Naturgärtner, dass er mehr tut, beispielsweise auf jeden neuzeitlichen Luxus verzichtet, sich von Selbstgepflücktem ernährt, montags die Welt rettet und ein Leben in völligem Einklang mit der Natur führt, wie Indianer oder Ameisenbären. Ein Naturgärtner versteht die Sprache der Pflanzen, verfügt über schamanistische Fähigkeiten und fährt Fahrrad. Nun, das mit den Pflanzen stimmt, aber das ist keine besondere Leistung; es ist nicht schwer, Lebewesen zu verstehen, solange sie nicht sprechen können. Mit dem Fahrradfahren ist es schon schwieriger, da gibt es sehr komplexe Wechselbeziehungen mit dem jeweiligen Wohnort und der Witterung, die noch nicht vollständig erforscht sind und die eingehender zu erläutern hier zu weit führen würde. Ohne ins Detail zu gehen, sei nur so viel gesagt, dass jahrelangen Studien zufolge norddeutsche Naturgärtner im Sommer mehr Fahrrad fahren als süddeutsche Naturgärtner im Winter. Spitzenwerte des Fahrradfahrens wurden bei ostfriesischen Naturgärtnern in den Monaten Juli und August erreicht, während, so die Studie, die naturgärtnerische Fahrradnutzung im Allgäu im Zeitraum Dezember bis Februar rechnerisch zu vernachlässigen ist. Nur am Rande erwähnt, da ebenfalls statistisch ohne Belang, sei weiter die Tatsache, dass in Einzelfällen auch süddeutsche Naturgärtner im Sommer mehr Fahrrad fahren als norddeutsche Naturgärtner im Winter und dass es sowohl in Nord- als auch in Süddeutschland Naturgärtner gibt, die gar nicht daran denken, Fahrrad zu fahren, egal, ob es nun Sommer oder Winter ist. Naturgärtner aus Sachsen, Hessen und Nordrhein-Westfalen liegen statistisch irgendwo in der Mitte. Jawohl. Nun bliebe noch die Sache mit dem Schamanismus, der Zauberei und Esoterik und da, fürchte ich, wird es nun ganz kompliziert. Ohne Zweifel gibt es Naturgärtner, die gerne solche Fähigkeiten hätten, oder, um es präziser auszudrücken: manche Leute, die gern solche Fähigkeiten hätten, stufen sich selbst als Naturgärtner ein. Es ist nicht so einfach, dieser Selbsteinschätzung zu widersprechen, zumal dann nicht, wenn sie durch eine Mitgliedschaft in einem Naturgartenverein untermauert wird. Ich persönlich glaube, dass ein echter Naturgärtner mit einem

Verein etwa ebenso viel anfangen kann wie eine Amsel mit dem Landesbund für Vogelschutz. Aber das ist nur meine Meinung, die nicht mehr wert ist als die eines leidenschaftlichen Vereinsmeiers – allerdings auch nicht weniger.

Fakt ist jedenfalls, dass in Naturgartenvereinen nicht ungern Bücher esoterischen Inhalts gelesen werden, dass darin allerlei geomantische Erdheiler Kurse über planetare Wandlung abhalten und dass ganz allgemein manche Mitglieder nachts bei offenem Fenster schlafen, um den Ruf der Elementarwesen nicht zu überhören. (Ein persönliches Erlebnis dazu am Rande: Ich selbst glaubte jahrelang, sommers in unserem Garten Dunkeltrolle zu hören. Sie gaben Geräusche von sich, die etwa wie schnuff-schnuff-schnuff-schnuff-schnuff klangen und stundenlang anhielten. Später merkte ich dann, dass es sich um paarungswillige Igelmännchen handelte, die pausenlos schnuff-schnuffend um Igelweibchen herumliefen. Kurz darauf wurde ich sieben, und seither hatte ich dann leider keine weiteren Begegnungen mit Elementarwesen mehr).

Damit möchte ich nun aber beileibe nicht den Eindruck erwecken, dass ein Naturgärtner dem Übersinnlichen ablehnend gegenüber stünde. Ganz im Gegenteil. Er würde nur allzu gern dem Gedeihen seines Gartens zuliebe den Elementen befehlen oder Heinzelmännchen zu Hilfe rufen können. Er hätte auch nichts dagegen, mit Elfen oder Leprechauns zu kommunizieren, sofern diese etwas Erwähnenswertes zu sagen hätten.

Er wäre sogar bereit, sich dazu zeitaufwändiger Riten zu bedienen und magische Worte wie „OM Namah Schivaya" oder „Abrakadabra" oder „Haff-Haff-Haff" zu intonieren, wenn es ihm damit nur gelänge, einen plötzlichen Kälteeinbruch in der Austriebsphase zu verscheuchen oder seinen Pflanzen in einer hartnäckigen Dürreperiode den Genuss eines warmen Sommergewitters zu verschaffen. Und wenn die Erdgeister, wie versierte Esoteriker versichern, für ihr Wohlwollen tägliche Gaben in Form kleiner Schälchen mit Milch oder Bier verlangen, so wäre der Naturgärtner der letzte, ihnen diese verdiente Stärkung vorzuenthalten. Daran sollte es nicht scheitern. Was dem Gärtner den Umgang mit übersinnlichen Geschöpfen so madig macht, ist ihre unsägliche Langsamkeit, ihr launisches Wesen, mit dem sie sich ewig und drei Tage lang bitten lassen, kurz gesagt, ihre Lätschigkeit, die selbst einen von Pflanzen auf Geduld getrimmten Menschen zur Weißglut treiben kann. Die Esoteriker sagen, das läge an einem selbst, man dürfe nichts erzwingen wollen, man müsse seine Sinne öffnen, den störenden Intellekt ausschalten und die inneren seelischen Sphären durch die reinigenden Kräfte von heiligem Rauch, Musik und Gesang empfängnisbereit machen.

Alles recht und schön, liebe Leute, aber ein Gärtner hat mit seinem Garten schon genug zu tun, er kann nicht auch noch nächtelang singend und rasselnd innerlich geöffnet an einem Lagerfeuer sitzen und darauf warten, dass sich irgendwelche Geistwesen herbeibequemen; da bekäme er ja eher einen Hexenschuss als eine Erleuchtung. Und wenn er dann noch sieht, welche Erfolge selbst vorgeblich geübte Medien vorzuweisen haben, dann könnte er endgültig aus der Haut fahren. Soll das eine kooperative Reaktion sein, wenn einer im April bis zur Erschöpfung um Wärme tanzt, nur um dann zu vermelden, im Juli sei sie gekommen? Wenn der so dringend benötigte Regen erst dann zögerlich eintrudelt, wenn sämtliche Zisternen leer und die Wasserrechnungen durch die Decke gegangen sind? Wenn man selbst auf zahllose, höflichst formulierte Anfragen keine Antwort bekommt, obwohl man innerlich offen wie ein Scheunentor war, wenn selbst die verlockendsten Milch- und Bierschälchen immer nur von Katzen und Nacktschnecken ausgetrunken werden, nur weil diese andersweltigen Geschöpfe buchstäblich für alles zu lätschert sind – Pardon. Ich bemerke soeben, dass ich im Begriff war, die Contenance zu verlieren. Das passiert manchmal, wenn man sich ärgert, aber das soll

natürlich keine Entschuldigung sein. Es wird nicht mehr vorkommen. Was ich eigentlich sagen wollte, ist: Dem Naturgärtner liegt es fern, sich übersinnlichen Wesen aufzudrängen. Wenn sie nicht mit ihm reden wollen, dann ist das ihr gutes Recht. Ihre Existenz wird dadurch weder widerlegt noch bewiesen. Im Übrigen aber ist er der Meinung, dass die sichtbaren Geschöpfe der Natur faszinierend sind und der Umgang mit ihnen lohnend genug ist. Er braucht hinter einer Blüte keine Aura und hinter einer Eidechse kein Geistwesen zu suchen, um sich an ihnen zu freuen. Vorgebliche Naturgärtner, denen diese Genügsamkeit abgeht, tun ihm ein bisschen leid. Andererseits, wenn es Leute gibt, die sich von der Suche nach kosmischen Klängen, Elementarwesen, früheren Leben oder der heiligen Dreifaltigkeit beglückt fühlen, so ist dagegen nichts einzuwenden. Es sei ihnen von Herzen gegönnt. Das Gleiche gilt für all jene, die mit solchen Phänomenen ihren Lebensunterhalt verdienen.

Der Naturgärtner aber, und das sei nun wiederum ihm gegönnt: Der Naturgärtner findet die Beschäftigung mit Bäumen, Stauden und Gräsern, mit Nachtigallen, Fröschen oder einem schlichten Sperling, kurz gesagt, mit diesseitigen Geschöpfen, ersprießlicher.

Der Natur- gärtner im Herbst

Habe ich eigentlich schon mal erwähnt, dass sich Jahreszeiten nicht an den Kalender halten? Falls nicht, so ist es höchste Zeit, das nachzuholen. Der Herbst beginnt also für den Naturgärtner meist irgendwann im August, für gewöhnlich in Form einer Art schleichender Entfremdung von seinem Garten, die starke Ähnlichkeit mit einer Midlife-Krise hat. Junge Menschen können sich so etwas noch nicht vorstellen. Junge Menschen gleichen Gärten im Frühjahr. Ihr Dasein ist ein beständiges Wachsen und Aufblühen. Jede Knospe, die sich jetzt öffnet, ist die erste und bekanntlich ist die erste immer die schönste. Auch der herrlichste Frühlingstag endet in dem seligen Bewusstsein, dass noch weitere kommen werden. Ist umgekehrt ein Tag vergraupelt gewesen, so vergisst man ihn rasch, da es ja nur besser werden kann, ganz ähnlich, wie junge Leute einen verkaterten Morgen nach einer orgiastischen Nacht vergessen. Kann es jemals anders werden? Und doch kommt irgendwann der Morgen, an dem Adonis sich unvermutet fragt, wo denn nun diese Rückenschmerzen oder jene Gelenkbeschwerden herkommen, und es lässt sich kein wildes Fußballspiel und keine durchzechte Nacht als Ursache ergründen. Die Erkenntnis ist erschreckend und unsagbar traurig; sie lautet: Du kannst nichts dafür, du hast nichts falsch gemacht, und du kannst vor allem nichts ändern. Du wirst alt, mein Freund. Wenn's dir nicht passt, hättest du jung sterben müssen, aber dafür ist es jetzt zu spät. Genauso ergeht es dem Gärtner, wenn er in einer trockenen Hochsommerphase mit täglich steigendem Missfallen bemerkt, dass allenthalben Stauden verblühen und dürr zu werden beginnen, dass die Sträucher und Bäume erste Blätter verlieren, dass Blumenwiesen irgendwie gelblich und zerzaust aussehen, kurzum, dass der ganze Garten sich in einer Weise entwickelt, die nach dem Wachsen, Knospen und Blühen der vorangegangenen Monate in garstiger Weise ernüchternd wirkt. Dann schleicht der Gärtner griesgrämig und schwitzend umher, stochert im Boden, zupft an trockenen Stängeln, schnuppert mit geblähten Nüstern in den staubigen Wind, blickt kummervoll zum Himmel auf und brummt: „Kein Zweifel – der Herbst beginnt." Und dann ist die Krise da. Keine anschwellende Samenkapsel und kein reifender Apfel kann es beschönigen: Der Jahreszenit ist überschritten. Von nun an geht es abwärts. Das Schreckgespenst des Winters wird am Horizont sichtbar, und es gibt nichts, was dagegen helfen würde: Kein Wässern, kein Nachpflanzen und kein positives Denken – das am allerwenigsten. Schon der Gedanke an das Geschwafel von den „Freuden der staden Zeit" ist geeignet, dem Gärtner eine reaktive Depression zu verursachen. Wer die Freuden des Daseins darin findet, an einem heißen Nachmittag das Aroma des Diptams zu riechen oder an hellen Sommerabenden, allen Mücken zum Trotz, so lange draußen auszuharren, bis die Amseln zu singen aufhören und am Himmel die Silhouetten der ersten Fledermäuse zu sehen sind, der kann nichts mit Spekulatius und Adventgeklingel anfangen. Es ist, als wollte man einer Rosenblüte die Vorzüge eines Herbariums schmackhaft machen. Eine grausliche Perspektive. Ihretwegen habe ich vorhin den Herbstbeginn mit einer Midlife-Krise verglichen. Eine ärgerliche Begleiterscheinung solcher Krisen ist die Grübelei, die sie mit sich bringen. Man beginnt plötzlich Bilanz zu ziehen, das Erreichte am Erstreben zu messen. Das kann nicht gut gehen, schon bei normalen Menschen nicht und noch viel weniger bei einem Gärtner. Wenn ein Normalsterblicher sich auch eingestehen muss, dass er kein Filmstar ist, kein Sport-Champion, Nobelpreisträger oder Abteilungsleiter, so bleibt ihm doch die tröstliche Gewissheit, dass er all das geworden wäre, wenn er seine Frau nicht kennen gelernt hätte. Das Versäumnis liegt nicht bei ihm.

Der Gärtner aber, der bei den ersten Vorboten des Herbstes durch seinen Garten geht, sieht sich allenthalben mit Versäumnissen konfrontiert, die ausnahmslos alle in seine Verantwortung fallen. Die Lilien würden nicht so abgekieft da stehen, wenn er nur Zeit gefunden hätte, regelmäßig die Blattunterseiten auf die Gelege von Lilienhähnchen zu kontrollieren. Wenn er die Cypripedien mehr gegossen hätte, würden sie heuer nicht so früh einziehen.

Wenn er dem Gelben Enzian nährstoffreicheren Boden gegeben hätte, würde er jetzt sehr viel üppiger aussehen. Wenn er im Frühjahr für mehr Sonne gesorgt hätte, hätten die Färberkamillen viel mehr Blüten getrieben. Es würden längst nicht überall so viele schlappe Blätter herumhängen, wenn er den Klimawandel vorausgesehen und mehr trockenheitsverträgliche Pflanzen gesetzt hätte. Wenn er die Teiche etwas tiefer und sehr viel größer gebaut hätte, müsste er sie jetzt nicht so oft nachfüllen. Hätte er beizeiten die Nachbargrundstücke aufgekauft, stünden jetzt keine unnötigen Häuser dort, die an den falschen Stellen Schatten werfen.

Überhaupt, der ganze Garten könnte ganz anders aussehen, wenn er 20 Hektar groß wäre und nicht nur jämmerliche 1000 Quadratmeter. Er, der Gärtner, müsste sich nicht beständig über Unzulänglichkeiten ärgern, wenn er als Großgrundbesitzer geboren worden wäre oder wenigstens als Multimillionär. Es ist nicht zu leugnen: er hat einfach von Anbeginn an alles, alles falsch gemacht. Am besten wäre es, seinem Leben ein Ende zu setzen, dann bliebe ihm wenigstens der Winter erspart.

Vorher muss er aber noch die Teiche nachfüllen. Dabei bemerkt er unversehens, dass überall im Uferbewuchs winzige, frisch metamorphierte Jungfrösche herumwuseln. Im bescheidenen Becken seiner Quelle entdeckt er eine junge Ringelnatter, die sich unter den Steinen am Rand ihren

Unterschlupf gesucht hat. Die Lilien haben, so zerzaust sie sein mögen, trotzdem Kapseln mit reichlich Samen darin angesetzt. Die Cypripedien sind zwar eingezogen, doch beim Stöbern in der Bodenstreu zeigen sich bereits die Spitzen der ersten neuen Triebe. Die Färberkamillen mögen zwar heuer nicht so besonders gewesen sein, doch dafür haben andere Sandbeetbewohner wie die Heidenelke, der Sandthymian, und der Natternkopf schon fleißig ausgesamt. Den Gelben Enzian könnte man einfach umpflanzen; gerade, weil er so wenig gewachsen ist, bekommt man sicher noch den ganzen Wurzelstock unversehrt heraus. Anstelle des Steinbrechs, der in der Sommerhitze trotz allen Gießens ausgebrannt ist, könnte man einen Frühjahrsenzian einsetzen, die Enziane haben sich hier doch alle recht gut bewährt. Dazu könnte der Gärtner dann gleich noch ein Alpenleinkraut bestellen sowie die Silberwurz, die er sich immer schon gewünscht hat. Wenn er das Alpinum ein wenig erweitert, hat sie gewiss Platz. Und bis diese Pflanzen geliefert werden, hätte er noch Gelegenheit, einige Exkursionen zu machen, um Samen weiterer Pflanzen für das Sandbeet zu sammeln, zum Beispiel von der Graukresse, dem Rainfarn, der Wegwarte, der duftenden Nachtkerze, der Ochsenzunge, dem Seifenkraut, dem Taubenknopfleinkraut und was sonst eben alles um diese Jahreszeit schon Samen angesetzt hat. Vorher gilt es allerdings noch die Wildrosen-

hecke etwas zurück zu schneiden, deren Triebe heuer so lang geworden sind, dass sie den Pflanzen darunter zu viel Schatten machen. Außerdem muss eine junge Clematis tangutica, die aus irgendeinem Grund nichts geworden ist, ausgetauscht werden; bei dieser Gelegenheit kann der Gärtner auch gleich einige Clematis recta besorgen, dazu eine größere Menge Allium sphaerocephalon und obendrein und außerdem…Und so wird es dann doch nichts mit der Krise. Wenn der Gärtner erst sein vorzeitiges Ableben vertagt und die Teiche nachgefüllt, die Durstigen gewässert und die Verblichenen entsorgt hat, wenn er den Kampf mit Heckenrosenranken und Bestellzetteln heil überstanden hat, wenn er näher liegende Gärtnereien abgegrast und von weiter entfernten Paketzusendungen empfangen hat, wenn er dann mühsame, entsetzliche und am Ende doch triumphale Tage damit zugebracht hat, Pflanzlöcher in den trockenheitsbedingt renitenten Boden zu drillen, um seinen Neuerwerbungen Platz zu schaffen, rappelt er sich schließlich in irgendeiner Abenddämmerung auf, streckt mühsam den Rücken gerade, erschlägt einige Mücken, die sich soeben auf ihm niedergelassen haben, blickt um sich und kann ein Gefühl biedermeierlicher Zufriedenheit nicht unterdrücken. Irgendwie ist ihm seine so hoffnungsvoll begonnene Herbstdepression abhanden gekommen.

Ach ja, der Herbst und das Leben… so schlimm ist das alles auch wieder nicht.

Evolution

Es ist an der Zeit, auch einmal die positiven Charakterzüge des Naturgärtners zu erwähnen. Sicher, er ist maßlos und unersättlich, eigenbrötlerisch und besserwisserisch, mürrisch, menschenfeindlich und elitär – aber eingebildet ist er nicht. Was die Einschätzung seiner eigenen Bedeutung und Wichtigkeit angeht, ist er von einer Bescheidenheit, ja geradezu von einer Demut, um die ein buddhistischer Mönch ihn beneiden würde. Das macht die Beschäftigung mit Wildpflanzen. Sie müssen nämlich wissen, dass der Mensch im Lauf seiner Geschichte die Pflanzen noch weit schlimmer domestiziert und verzüchtet hat als die Tiere. Es mag Hunde geben, bei deren Anblick ein Wolf Lachkrämpfe bekäme, doch sie sind noch immer, zumindest bei genauerem hinsehen, als Hunde erkennbar. Dagegen hat man durch Kreuzung und Auslese Pflanzen geschaffen, die gar keiner botanischen Art und keinem natürlichen Lebensraum mehr zuzuordnen sind, die vermutlich – falls man sie fragen könnte – selbst nicht mehr sagen könnten, wer sie sind, woher sie kommen und wohin sie gehören. Sie sind zur austauschbaren Ware in der Hand ihres Züchters geworden, zum fügsamen Dekoartikel des Pflanzenverwenders, der sie einsetzt. Da kann sich natürlich jeder gärtnerische Regietheaterkünstler als Gestalter, wenn nicht gar als Schöpfer fühlen, wenn er mit solchen Pflanzen arbeitet. Da braucht man nichts mehr von Bodeneigenschaften oder Standortfaktoren zu wissen, es genügt ein Blick aufs Etikett und ein Sack voll Einheitserde und das grüne Allerlei wächst und blüht nichts sagend drauflos, solange es nicht an Schneckenkorn mangelt. Im Umgang mit solcherart dressierten, willenlosen Geschöpfen wächst das Gefühl der eigenen Allmacht ins Grenzenlose. Ein Gärtnerkurs mit Hybridzuchtpflanzen wäre eine gute Vorbereitung auf die Laufbahn eines Diktators. Auf solchen Höhenflug des Selbstwertgefühls muss ein Naturgärtner freilich verzichten, denn Wildpflanzen machen derlei gärtnerische Egotrips nicht mit. Selbst das bescheidenste Gewächs ist sich seiner Identität bewusst, hat seinen eigenen Willen und Charakter und ist von dem unbeugsamen Vorsatz geleitet, lieber zu sterben als irgendwelche Abstriche an seinen Ansprüchen zu machen.

Da bleibt nun dem Gärtner gar nichts anderes übrig, als sich auf den kleinen Individualisten einzulassen, seine Stimme verstehen und seine Wünsche erkennen zu lernen. Er muss die Welt mit den Augen einer Pflanze sehen und den Wind, den Regen und die Sonne mit ihren Sinnen spüren können und seine Finger müssen den Boden fühlen so fein wie Wurzelspitzen und nicht wie die grobschlächtigen Griffel eines Ignoranten.

Glauben Sie nicht, das alles ließe sich durch einen Blick in irgendein Lehrbuch ersetzen, das dann vielleicht Halbschatten und lockeren Boden empfiehlt. Das heißt gar nichts; es gibt viele Arten von Halbschatten, kühlen, warmen, lichten, wechselnden und flirrenden Halbschatten und noch viel mehr Arten von lockerem Boden, die alle aufzuzählen jetzt zu weit führen würde. Um sie unterscheiden zu lernen, braucht es Jahre der unablässigen Übung, der ausgiebigen Exkursionen an Naturstandorte und des unverzagten Neubeginns nach Fehlschlägen. Hat dann der Gärtner seinen Geist geöffnet, seine Sinne geschärft, an Erfahrung gewonnen und nicht zuletzt das Glück gehabt, das Wohlwollen seiner Schützlinge zu gewinnen, so dauert es noch weitere Jahre, bis aus bescheidenen Anfängen berauschende Erfolge werden. Denn Naturgärten lassen sich nicht „fertig stellen" wie Statuen, Gemälde oder ähnliche Kindereien, sie entstehen nur und ausschließlich von selbst und auch der Beste unter den Gärtnern kann nichts weiter tun, als bescheiden und hoffnungsvoll die Weichen dahin zu stellen, wo die Reise hoffentlich einmal hingehen wird. Wie lange das dauern wird, kann niemand sagen, denn der Schrittmacher ist nicht der Wille oder der Einfallsreichtum des Gärtners, nicht seine Hingabe oder sein Fleiß – der am allerwenigsten – sondern die Evolution.

Gerade das, was uns an Naturgärten besonders überwältigt, ließe sich niemals planen, es entsteht durch Auslese, Bewährung und – anfangs zögerlich, dann immer rascher und eindrucksvoller – durch die Vermehrung des Bewährten. So sind aus ein paar wenigen Krokussen im Husumer Schlosspark Blütenteppiche geworden, die nach Millionen zählen. So werden aus ein paar Töpfchen Leberblümchen, Lerchensporn oder Schlüsselblumen Garten füllende Bestände von einer Vitalität, die sich niemals künstlich erzeugen ließe. Das kostet den Gärtner nichts von all dem, was von Menschen gern so präpotent überbewertet wird, kein Geld, keine Selbstüberwindung und nicht den unbedingten Einsatz „harter Arbeit". Nur Geduld. Das ist indessen nicht so schlimm, wie es einem zappeligen Dynamiker erscheinen mag, denn die Zeit, die der Gärtner mit Warten zubringt, ist bestens ausgefüllt. Was könnte spannender sein, als zu beobachten, wie die Ranken von Campanula portenschlagiana oder Cymbalaria muralis, die Sämlinge von Coridalis ochroleuca oder Centranthus ruber nach und nach die Ritzen und Spalten einer Trockenmauer besiedeln, wie winzige Keimlinge von Dianthus deltoides, Anthemis tinctoria und Thymus pulegioides rund um ihre Mutterpflanze herum auf einer kahlen Sandfläche erscheinen und dort innerhalb weniger Monate von einem hauchzarten grünen Schimmer zu kräftigen Jungpflanzen heranwachsen? Was könnte erhebender sein als mitzuerleben, wie unbelebte Materie, wie kahler Stein, Sand oder Schotter durch Sedimentablagerung, Verwitterung und die in Jahrmillionen erprobten Überlebensstrategien von Pflanze und Tier zu vielfach besiedeltem Wohnraum werden?

Mag auch ein übermäßig trockener Sommer, ein ungewöhnlich harter Winter Rückschläge mit sich bringen, mögen Schnecken, wühlende Amseln oder scharrende Katzen Breschen ins heranwachsende Grün schlagen: Die entstandenen Freiräume werden nur umso schneller als solche erkannt und erneut besiedelt. So zäh der Kampf im Einzelfall auch sein mag: Am Ende siegt das Leben und bringt immer neue Bilder hervor, jedes so einzigartig und unvorhersehbar wie das vorangegangene. Selbst eine scheinbar so uneinnehmbare Festung wie ein großer Granitfindling, als Sitzplatz für Frösche und Vögel ins flache Uferwasser eines Teiches gelegt, muss schließlich vor der Beharrlichkeit der Sukzession kapitulieren: Von Moos überwuchert, in dem sich Ausläufer von Veronica beccabunga festwurzeln und Keimlinge von Lythrum salicaria und Epilobium aufgehen, wandelt er sich fast unmerklich von einer kahlen Klippe zu einer grünen Insel, und Besucher fragen verwundert, wie der Gärtner das denn „gemacht" habe.

All dies ist für einen Naturgärtner ungleich viel aufregender als vermeintliche „Kicks" wie etwa Bungee-jumping, bei dem man eh immer nur in die gleiche Richtung nach unten fällt oder Fernsehkommissare, die im hundertsten Krimi der Woche abseitige Bösewichte fragen, wo sie den letzten Mittwoch verbracht haben. Meine Lieben: Warten muss nicht immer nur vertane Zeit sein, wie beim Zahnarzt oder vor einer Ampel. Warten kann das Leben bereichern, das könnt ihr im Naturgarten lernen. Und das ist nicht die einzige Erkenntnis, die sich dort gewinnen lässt. Eindrucksvoller noch zeigt sich Tag für Tag, dass die wirklich gelungenen Dinge im Leben sich nicht nach der Schablone und im Fertigverfahren herstellen lassen, dass sie Zeit zum Entwickeln und Reifen brauchen und dass Aktionismus, bornierter Eifer und Geschäftlhuberei diesen Prozess niemals beschleunigen, sondern immer nur stören können. Dass das beste Tun oft im gar nichts Tun besteht. Und dass der vermeintlich unerreichbare Erfolg mitunter gern von selbst käme, wenn man ihn nur ließe. Solche Erfahrungen zwingen freilich unvermeidbar zur Bescheidenheit. Das ist es, was ich eingangs über Naturgärtner sagen wollte.

Von der Ordnung

Menschen, die dem Naturgärtner nicht gewogen sind, werfen ihm gerne vor, sein Garten sei unordentlich. Das dürfte ihn vermutlich nicht sonderlich kränken, da ihm die Meinung von Leuten, die ihn ohnehin nicht mögen, mit Recht egal sein kann. Hat er aber seinerseits Gelegenheit, einen Blick in ihre Gärten zu werfen, so wird er spontan feststellen, dass darin jegliche Ordnung fehlte. Und das wollen wir uns doch einmal näher ansehen.

Offenbar kann man von Ordnung recht unterschiedliche Auffassungen haben. Gibt es am Ende womöglich nicht nur eine Ordnung, sondern mehrere? Es scheint so: Der Brockhaus weiß allein sieben verschiedene Definitionen von Ordnung zu nennen, die chemischer, soziologischer, theologischer, mathematischer, biologisch-systematischer und juristischer Natur sind. Das führt uns zu der interessanten Erkenntnis, dass es bei Ordnung offenbar weniger auf das Wie ankommt als auf das Wo. Die falsche Ordnung am falschen Platz kann eine Menge Unsinn anrichten. Dessen scheinen sich all jene Zeitgenossen nicht bewusst zu sein, die Ordnungsbegriffe aus dem Haushalt unbedenklich auf den Garten übertragen.

Für sie gibt es offenbar nur eine Ordnung: die des Putzens und Blankscheuerns. Konsequenterweise verwenden sie auch im Garten vorzugsweise Haushaltsutensilien: Sauger, Hochdruckreiniger und was man sonst so braucht in Bad und WC. Den Unterschied zwischen belebter und unbelebter Umgebung sehen sie nicht, und dank ihrer rastlosen Bemühungen ist davon in ihren Gärten auch tatsächlich nicht mehr viel zu sehen. Einen Unterschied aber müssten selbst sie bemerken, sofern sie einmal im Bodenscheuern innehalten und den Blick nach oben wenden würden: den zwischen offenen und geschlossenen Räumen.

In geschlossenen Räumen wird die Gegenwart konserviert, es gibt keine Veränderung. In der Tuc d'Audoubert-Grotte am südfranzösischen Volp-Fluss sind noch heute die Abfälle und Fußabdrücke unverändert zu sehen, die ihre steinzeitlichen Bewohner vor 14 000 Jahren hinterlassen haben. Da zeigen sich die Folgen einer unordentlichen Haushaltsführung! Was man im Zimmer nicht aufräumt, das bleibt liegen in alle Ewigkeit. Im Freien verhält es sich damit ein wenig anders. Wo Sonne und Regen, Würmer und Mikroben, Sporen und Samen ungehindert Zutritt haben, wird unbelebte Materie rasch abgebaut. Ob es sich um totes Holz, abgefallene Blätter oder die Gebeine eines Ordnungsfanatikers handelt: Sie werden zwar nicht, wie in frommen Grabreden behauptet, „zu Staub", wohl aber zu Humus, in dem und aus dem wiederum früher oder später ein Samen zu keimen beginnt.

Georg Kreisler hat es in einem seiner Lieder treffend auf den Punkt gebracht: „Egal, ob's dir gefällt- / du kommst immer wieder auf die Welt. / Einmal in Berlin, einmal im Tessin oder in den USA. / Zuerst wirst du zu Dreck / irgendjemand kommt und nimmt ihn weg / haucht ihm Leben ein / dann bist du wieder da."

Die Reinkarnation ist in der Natur keine religiöse Theorie, sondern bewährte Praxis. Das gilt auch für den Garten. Das Werdende geht aus dem Vergehenden hervor. Es ist ein ewiger Kreislauf, der freilich nicht eingleisig-linear, sondern vielfältig und verästelt abläuft. Ein toter Ast wird im Zerfallen nicht nur Substrat für neue Bäume, sondern nährt vorher auch die Larven, die ihn besiedeln und den Specht, der sie heraushackt; noch am Boden liegend, wird er zum Untergrund für Moose und Pilze und zum Tagesversteck für Kröten oder Blindschleichen. Ebenso vielfältig sind die Störungen, die unbedachtes Eingreifen in die natürlichen Zyklen verursacht. Wer Abgeblühtes penibel wegschneidet, nimmt damit nicht nur der Pflanze den Nachwuchs, sondern auch manchem Stieglitz oder Grünfinken die Nahrung. Wer das Falllaub unter seinen Bäumen und Sträuchern beseitigt, vertreibt nicht nur Buschwindröschen und Lerchensporn, sondern auch die Nachtigall, die bevorzugt dort auf Futtersuche geht. Wer Hausfrauenordnung dem Garten aufnötigt, richtet damit nur Schaden an. Dass der Putzwütige die Breschen, die er in die natürlichen Kreisläufe geschlagen hat, mit Geld und Arbeit wieder schließen muss – etwa durch Düngen,

wo sonst sich von selbst nahrhafter Humus bilden würde, oder durch aufwendiges Pflegen von Pflanzen, die ohne sein Eingreifen gut allein zurechtkämen – gehört noch zu den harmlosesten Folgen.

Andererseits aber sind gerade zum Erhalt der Vielfalt im Garten durchaus Eingriffe nötig. Es gibt unter den Naturgartentheoretikern Fanatiker des Geschehenlassens; unter dem Schlagwort „Prozessschutz" plädieren sie dafür, der Sukzession ungehindert ihren Lauf zu lassen. Es wäre Unrecht, ihnen Faulheit zu unterstellen, doch ihre Hoffnung, aus verlandenden Teichen und verbuschenden Blumenwiesen würde etwas ganz Neues, Spannendes und der Artenvielfalt Förderliches entstehen, ist in etwa so berechtigt, als würde man sich aufregende Ergebnisse davon versprechen, dass man einen Eimer Wasser in die Tiefkühltruhe stellt. Wo die Sukzession in Mitteleuropa hinführt, ist hinlänglich bekannt: zum Wald nämlich. Wald ist etwas Wunderbares, aber nicht, wenn es gar nichts anderes mehr gibt. Man stelle sich vor, die Lüneburger Heide würde sich in den Lüneburger Wald und der Bodensee in den Bodenwald verwandeln! Das würde mitnichten nur die Touristenverbände stören. Wo sollten Heidelerche und Neuntöter, Ringelnatter, Fische und Wasservögel bleiben? Die lebensvernichtenden Auswüchse, die die „Landkultivierung" heute in Agrarwüsten und endlos wuchernden Baugebieten erreicht hat, lässt manchen vergessen, dass die Kulturlandschaft im positiven Sinn der Natur auch viele Möglichkeiten eröffnen kann. Es wäre außerdem ein Irrtum, zu glauben, alle Eingriffe in den Sukzessionsablauf seien menschengemacht und daher unnatürlich. Gerade in weiträumigen, ungestörten Naturlandschaften entfalten die Elementarkräfte eine gestalterische Dynamik, die in der behüteten kleinen Welt von Schutzgebieten oder eben auch Gärten der Mensch übernehmen muss. Ob es Orkane oder reißende Frühjahrshochwasser, Brände, hungrige Wiederkäuer oder ersatzweise Gärtner sind: Irgendjemand muss von Zeit zu Zeit die Uhr wieder auf Null drehen, damit die Vielfalt verschiedener Biotopstrukturen erhalten bleibt. Das ist im Wesentlichen eine zunächst destruktive Aufgabe, die dem Gärtner eben darum weit schwerer fällt als dem Wind oder den Flüssen. Es ist ja nicht so, dass man als Naturgärtner einen heiligen Krieg gegen „das Böse" führen könnte wie George W. Bush oder die Rasenapostel. Das meiste von dem, was man immer wieder mal beseitigen muss, ist eigentlich wertvoll und willkommen, es hat halt leider nur das Pech, zur falschen Zeit am falschen Ort zu sein. Es ist schon ärgerlich genug, wenn man eine Wiese abzumähen hat, die noch teilweise in Blüte steht – (und Sie dürfen mir glauben, irgendetwas steht immer noch in Blüte, selbst wenn man bis zum Herbst warten wollte, und sei es nur, um dem Gärtner ein schlechtes Gewissen zu machen).

Noch schlimmer wird es, wenn man junge Gehölze beschneiden oder gar ausreißen muss, die sich an Stellen angesiedelt haben, wo sie aus diesem oder jenen Grund durchaus nicht bleiben können. Da reckt dann so ein unschuldiger Weißdorn oder wolliger Schneeball seine so zarten und doch so vitalen jungen Zweige in diese Welt und will nichts weiter als das Recht, das wir alle beanspruchen: zu leben. Was nützt da die lahme Behauptung, dass er dem Gärtner den Zugang zur Haustür oder einer Schar von Trockenrasenstauden die Zukunft nimmt? Das sind Ausreden; der Gärtner, der ihn ausreißt, ist und bleibt ein Schuft, und so fühlt er sich denn auch dabei.

Zu den übelsten Aufgaben der Erhaltungspflege dürfte das Ausräumen übermäßig zugewachsener Teiche zählen. Schon rein äußerlich ist es eine unfrohe, Rücken marternde Tätigkeit, in gebückter Haltung in Nässe und Schlamm zu wühlen, doch ist diese Unbill nichts gegen das

Bewusstsein, was man dabei anrichtet. Da steht du knietief im Wasser, zertrittst bei jedem vorsichtigen Schritt eine Schnecke oder Muschel und wirst von allen Fröschen ringsum gehasst, und nun erklär' ihnen mal, dass du nur zu ihrem besten handelst. Dass sie alle über kurz oder lang nicht mehr hier leben könnten, wenn das ungebremste Pflanzenwachstum weiterginge! Besonders aufreizend ist, dass man sich um alles, was man nun körbeweise auf den Kompost werfen muss, seien es Hornblatt, Schwertlilien oder Seerosen, einstmals sorgsam bemüht hat, um es anzusiedeln und zum Wachsen zu bringen. „Was man in der Jugend wünscht, hat man im Alter die Fülle" klagte schon Goethe, der nicht von ungefähr ein begeisterter Gärtner war.

Es ist nur zu verständlich, wenn sensible Gärtner derlei Aufgaben so lange wie möglich aufschieben; sich ihnen aber ganz zu entziehen, wäre im Endergebnis noch unerfreulicher. Es ist wie mit Eltern, die einer gänzlich antiautoritären Erziehung huldigen: Am Ende leiden alle darunter. Die Kunst besteht darin, das rechte Maß zu finden: Soviel wie nötig einzugreifen, gerade um soviel wie möglich geschehen lassen zu können.

Dazu gehört schon im Vorfeld eine kluge Planung. Durch richtige Auswahl des Bodensubstrats, ausreichende Abstände und die Beachtung der Himmelsrichtungen (und damit der Richtung des Schattenwurfs) schon bei der Pflanzung lassen sich anlagebedingte „Dauerkampfzonen" vermeiden.

Die zweite goldene Gärtnertugend ist die Fähigkeit, Entwicklungen vorausschauend zu beobachten, um frühzeitig zu erkennen, wie sie sich später einmal auswirken werden. Überlegung, Erfahrung und Phantasie sind im Garten unentbehrlich. Ohne Zweifel war auch jener alte Römer ein Gärtner, der – in Ermangelung einer besser verständlichen Sprache auf Lateinisch – den Sinnspruch prägte: „Quidquid agis, prudenter agas et respice finem."

Die rechte Ordnung im Garten zu finden, ist also alles andere als einfach, und man kann durchaus ein ganzes Leben daran wenden.

Wer allerdings jeden Entwicklungsansatz schon im buchstäblichen Keim niedermäht, macht damit auch jede Chance auf eine gedeihliche natürliche Ordnung zunichte. Solche Überlegungen sind freilich einem putzwütigen Gartenwebel fremd, denn bekanntlich urteilt man umso bündiger über eine Sache, je weniger man davon versteht.

Ein guter Bekannter von mir, der seine fachliche Befähigung nicht zuletzt damit bewiesen hatte, dass er lange Jahre die Abteilung Landespflege an einer staatlichen Versuchsanstalt für Wein- und Gartenbau leitete, bekam einmal von einem ignoranten Besucher zu hören: „Dein Garten sieht aus wie einer, von dem der Besitzer schon zwei Jahre lang tot ist."

Ein toter Besitzer? Nun, gerade für so manchen „gepflegten" Garten wäre das nicht die schlechteste Lösung.

Der Natur-
gärtner im
Winter

Es gibt Dinge im Leben, an die sich ein Naturgärtner nie gewöhnen kann, ganz gleich, wie alt er wird und welchen Bewusstseins- oder Läuterungsgrad er erreicht haben mag. Zu diesen Dingen gehört der Winter. Gartenlose Zeitgenossen werden das nicht nachvollziehen können, da der Winter in der öffentlichen Wahrnehmung in unverantwortlicher Weise verharmlost wird. Viele glauben, es handle sich lediglich um eine kalendarisch definierte Phase, die vom 21. Dezember bis 20. März dauert und im schlimmsten Fall einige Unbill wie vereiste Autoscheiben oder Weihnachten mit den Schwiegereltern mit sich bringt. Für den Gärtner jedoch ist der Winter eine existenzielle Krise, die mit der Plötzlichkeit eines Vulkanausbruchs über ihn kommt und sein Dasein völlig verändert. Manchmal geschieht das im November, manchmal erst im Januar, aber immer unvorbereitet. Bisher war der Gärtner also täglich in seinem Garten beschäftigt, mit verschiedenen kleinen Pflege-, Umgestaltungs- und Ausbesserungsarbeiten, für die vorher noch keine Zeit war und die er nun, im Herbst, umso besser in Ruhe erledigen konnte – und dann kommt plötzlich ein grauenvoller Morgen, an dem alles anders ist. Vielleicht hat es nachts geschneit oder gefroren, vielleicht stürmt es oder es regnet in Strömen; es kann sogar vorkommen, dass nach einer Frostnacht stürmischer Schneeregen herrscht – in jedem Fall hat sich die Welt verwandelt und

alles ist vorbei. Gestern noch war der Garten ein heimeliger Ort, an dem man sich zu Hause fühlte, heute verströmt er die Atmosphäre eines eisigen, zugigen Bahnhofswartesaals. Der Gärtner, dessen Lebensmittelpunkt bisher im Freien lag, sieht sich plötzlich ins Haus verbannt. So ungefähr muss sich eine Schweizer Milchkuh fühlen, die sich nach einem Sommer auf der Alm in einem dunklen, muffigen Stall wieder findet. Da sitzt nun der Gärtner im Exil eines beheizten Zimmers am Fenster, während draußen der Wind wie ein verhaltensgestörter Neurotiker die kahlen Baumkronen hin und her schüttelt. Und was soll er jetzt tun?

Mancher Gärtner reagiert in dieser Situation mit Trotz und erklärt verächtlich lachend, er wisse sich schon zu beschäftigen, es gebe schließlich, zum Kuckuck, auch noch andere Dinge auf der Welt als den Garten, es mache ihm gar nichts aus, sich auch einmal anderweitig zu betätigen, ja, er sei im Gegenteil froh, dass er sich nun endlich den Dingen widmen könne, für die sonst des Gartens wegen keine Zeit sei. Solche Ankündigungen versetzen in der Regel seine Umgebung in eine nur allzu berechtigte Alarmstimmung. Es mag noch angehen, wenn sich der zur Untätigkeit Verdammte mit vergleichsweise harmlosen Ersatzbefriedigungen wie Opern komponieren, Papageien züchten oder der Ausarbeitung politischer Programme begnügt. Weit schlimmer ist es schon, wenn er aus innerer Unausgefülltheit heraus plötzlich seine Sozialkompetenz entdeckt und beschließt, seine brachliegende Energie in den Dienst der Berufskollegen oder der Familie zu stellen. Das bewirkt den spätestens seit Loriot hinlänglich bekannten „Pappa-ante-Portas-Effekt" und führt nicht selten zu haarsträubenden Verwicklungen, Ehescheidungen und allgemeinem Durcheinander. Hat dann solch ein trotziger Gärtner alles in Aufruhr versetzt, so resigniert er und tut schließlich das, was seine weniger dynamischen Leidensgenossen gleich getan haben: Er beginnt sich wieder mit dem Garten zu beschäftigen. Ausgehend von dem hoffnungsvollen Gedanken, dass alles im Leben, also auch ein Winter, irgendwann einmal ein Ende hat, ergeht er sich in allerlei Überlegungen, was in seinem Garten noch verwirklicht oder verbessert werden könnte. Soll man so etwas tun? Man soll nicht. Es ist ein großer Unterschied, ob man etwas aus einem konkreten Anlass heraus, sei es eine schöpferische Idee oder auch nur ein profaner Missstand, in Angriff nimmt, oder ob man mutwillig nach einem solchen Anlass sucht. Ersteres kann fruchtbare Entwicklung bedeuten, letzteres dagegen heißt, den Teufel am Bart zupfen. Es ist, als beginne einer über seine Frau nachzudenken; bisher war er leidlich glücklich mit ihr, nun aber will es ihm scheinen, als könne sie größer oder blonder sein, als müsste ihr Gang graziöser und ihre Stimme melodischer werden. Je länger er nachdenkt, desto unzufriedener und nörgeliger wird er im Inneren, desto ungerechter in seinem Ur-

teil. Das kommt dabei heraus, wenn einer nur sein Gegenüber misst und dabei außer Acht lässt, dass er selbst der Maßstab ist. Die Gattin von Herrn Schulze kann immer nur Frau Schulze sein, sonst würde sie sich ja nicht an ihn verplempern; sollte sie Scheherezade gleichen, müsste er selbst vorher zum Sultan werden. Gerade ein Gärtner täte gut daran, das nie zu vergessen. Stattdessen greift er zu Gartenbüchern.

Gartenbücher sind wie Erziehungsratgeber: Sie kennen nur das perfekte Ergebnis. Hinter harmlos klingenden Titeln wie „Ländliche Gärten" oder „Gestaltungsideen für Privatgärten" lauern Sammlungen meisterhaft fotografierter Parks von geradezu niederschmetternder Vollkommenheit. In ihnen stehen Bäume, die sich nur durch Vokabeln wie „ehrwürdig" oder „erhaben" angemessen beschreiben lassen, ihre Staudenrabatten scheinen Monet-Gemälden entwachsen zu sein, ihre Teiche sind Seen, über die man, „Santa Lucia" singend, bei Vollmond in einem Nachen hinweg zu gleiten hat.(Besagter Nachen ist auf den Bildern bereits gebrauchsfertig vertäut, meistens links vorne an einem Holzsteg unter einer Trauerweide voller Nymphen).Probleme gibt es in diesen Gärten nicht und wenn, dann höchstens in Form vollendeter Lösungen. Blättert der Gärtner in solchen Büchern, so weicht jegliche Zufriedenheit mit seinem eigenen Garten einem einzigen lähmenden Minderwertigkeitskomplex, einem Gefühl demütigenden

Unvermögens. Was soll er auch anderes empfinden angesichts des Ratschlags, eine „nichts sagende Gartenecke" mit einem Rokoko-Pavillon aufzuwerten, in dem bequem eine höfische Jagdgesellschaft Picknick machen könnte? Wie soll er in seinem Garten Sichtachsen nach dem Prinzip des goldenen Schnitts schaffen, wenn dann in deren optischem Zentrum das Nachbarhaus mit schweinchenrosa Verputz und weißen Plastikbalkonen prangt? Glaubt dann der Gärtner, schlimmer geht's nicht mehr, kommt im Fernsehen eine Gartensendung her. Gartensendungen im Fernsehen werden meist von kunstvoll frisierten Damen moderiert, die eine Gartenpforte als „Entree" und einen Hinterhof als „Patio" bezeichnen und deren Lieblingswort „entzückend" ist. Zu Beginn der Sendung schlendert die Moderatorin inmitten einer reizvollen Landschaft auf eine ehemalige Wassermühle oder ein altes Herrenhaus zu und erklärt: „In unserer heutigen Sendung darf ich im Garten der Familie Bredenbeck zu Gast sein...Da sind wir auch schon vor ihrem Haus angelangt, und ich bin schon sehr gespannt, ob wohl jemand daheim ist..." Dabei pumpert sie mit einem antiken Türklopfer an eine liebevoll restaurierte Tür, diese öffnet sich und Familie Bredenbeck tritt unter lebhaften Willkommensrufen heraus. Herr Bredenbeck ist ein ranziger Unternehmensberater, der sich privat gern ländlich-leger gibt; Frau Bredenbeck hat eine musische Ader, sie töpfert sehr

schön und trägt ein selbst gefertigtes Batiktuch um die Schultern. Beide lächeln härzlich und fragen, ob man nicht gleich in den Garten gehen wolle, die Moderatorin findet, das sei eine tolle Idee, man kraucht im Gänsemarsch durch einen blütenüberwucherten Rosenbogen, der „entzückend" ist und dann kommt die obligate Frage: „Nun würde unsere Zuschauer aber interessieren, wie Sie zu diesem Paradies gekommen sind?" Daraufhin erfahren wir dann im Dahinschlendern, dass Bredenbecks nach einem erfüllten Berufsleben in Frankfurt des Großstadtdaseins müde wurden. Auf der Suche nach einer neuen, naturnahen Bleibe stießen sie auf dieses alte Anwesen, in das sie sich sofort verliebten. Freilich war alles verfallen, verwildert und verwahrlost, aber im Ganzen entzückend, und so krempelten Bredenbecks die Ärmel auf und renovierten das Haus und machten alles selbst, vom Fachwerk bis hin zu den Vorhängen, die Frau Bredenbeck mit der eigenhändigen Linken genäht hat. Die drei Hektar Grundstück aber, damals noch eine brennesselüberwucherte Wildnis, hat Frau Bredenbeck ganz allein zum Garten umgestaltet, denn, so sagt Herr Bredenbeck mit charmantem Lächeln, sie habe diese kreative Ader, die ihm selbst leider abgehe und er könne sie nur bewundern. Während des Gesprächs zeigt die Kamera immer neue Ansichten des neu entstandenen Gartens, wir sehen Bäume, die sich nur durch Vokabeln wie „ehrwürdig" oder „erhaben" angemessen beschreiben lassen, Staudenrabatten, die Monet-Gemälden entwachsen zu sein scheinen und einen riesigen, verwunschenen Teich , über den man, „Santa Lucia" singend, bei Vollmond in einem Nachen hinweg gleiten kann.(Besagter Nachen ist bereits gebrauchsfertig vertäut, er liegt links vorne im Bild an einem Holzsteg unter einer Trauerweide voller Nymphen).

Außerdem verfügt der Garten über diverse Sitzplätze, manche mit Rokoko-Pavillons, in denen bequem eine höfische Jagdgesellschaft Picknick machen könnte, manche mit Blick auf Sichtachsen nach dem Prinzip des goldenen Schnitts, deren Ausblick einfach nur entzückend ist. Auf einem dieser Sitzplätze endet dann auch die Sendung.

Hier, so erklärt Frau Bredenbeck, pflege sie den Tag ausklingen zu lassen, und wer wollte ihr das missgönnen nach all der Arbeit, die sie hier geleistet hat, ganz allein, ohne Personal, ohne Hilfe, ja selbst ohne Herrn Bredenbeck, dem ja die erforderli-

che kreative Ader abgeht. Während sich die Dunkelheit herabsenkt, wärmt man sich selbdritt an einem knatternden Lagerfeuer, die Moderatorin bedankt sich für den entzückenden Tag und gibt der Hoffnung Ausdruck, der Zuschauer möge auch beim nächsten Mal wieder dabei sein.

Nach einer solchen Sendung empfindet der Gärtner ein so intensives Gefühl der Sinnlosigkeit seines Daseins, wie es selbst den Erfindern des Existenzialismus nicht vergönnt gewesen sein dürfte. Er hat nur noch das Bedürfnis, alles hinter sich zu lassen und irgendwohin auszuwandern, wo es kein Fernsehen, keine Gärten und keinen Winter gibt. Vor allem keinen Winter. Der Winter ist das Hauptproblem. Wie nur soll ein Gärtner ihn überleben? Wie? Die Antwort weiß keiner. Nur der Gärtner selbst müsste sie uns geben können, wenn er im Frühjahr unter den ersten wärmenden Sonnenstrahlen wieder auftaucht. Aber dann, wenn die Schneeglöckchen, Krokusse und Frühlingsalpenveilchen wieder blühen, wenn die Leberblümchen und gelben Narzissen ihre Knospen schieben, wenn zwischen braunen Grashalmen und trockenem Laub Triebspitzen und kleine Blattrosetten hervorstoßen, wenn es gilt, Wein und Rosen zurück zu schneiden, vorjährige Fruchtstände zu entfernen und Nistkästen für neue Bewohner zu reinigen – dann hat er den Winter längst vergessen.

Bildquellen

Alle Zeichnungen stammen von Stefan Leszko.

Impressum

Anmerkung zur Schreibweise (Gendering): Gendergerechtigkeit und Inklusion sind bei uns gelebte Praxis – bei der Auswahl unserer Themen, bei der Recherchearbeit, in der Gestaltung. Unsere Texte meinen alle. Damit unsere Inhalte jedoch gut lesbar bleiben, verzichten wir in diesem Werk auf die jeweilige Mehrfachnennung oder Anpassung der Schreibweise bestimmter Bezeichnungen an die weibliche, männliche oder diverse Form.

Bibliografische Information der Deutschen Nationalbibliothek
Die Deutsche Nationalbibliothek verzeichnet diese Publikation in der Deutschen Nationalbibliografie; detaillierte bibliografische Daten sind im Internet über http://dnb.d-nb.de abrufbar.

© 2023 Eugen Ulmer KG
Wollgrasweg 41, 70599 Stuttgart (Hohenheim)
E-Mail: info@ulmer.de
Internet: www.ulmer.de
Lektorat: Mark Ellenberger
Herstellung: Stephanie Haun
Umschlaggestaltung und Layout: Verlag Eugen Ulmer
Satz: Fotosatz Buck, Kumhausen
Reproduktion Umschlag: time:ray, Jettingen
Reproduktion Innenteil: Fotosatz Buck, Kumhausen
Druck und Bindung: Pustet, Regensburg
Printed in Germany

ISBN 978-3-8186-2204-6

braun|steine

seit 1875

HIER KÖNNEN SIE WEITERLESEN

Gehören Sie zu den Schottergartenhassern oder umrahmen Granitstelen eine ordentlich graue Schotterfläche in Ihrem Garten? Egal welcher Spezies Sie sich zugehörig fühlen, dieses Buch hinterfragt humorvoll, aber auch kritisch, wie es zur Ausbreitung von Schottergärten in deutschen Vorgärten kommen konnte, welche Vor- (nein, die gibt es eigentlich nicht) und Nachteile diese mit sich bringen und wie wir alle in Zeiten von Klimawandel und Insektensterben doch wieder für mehr Grün statt grau in unseren Gärten sorgen können.

Der Kies muss weg. Gegen die Verschotterung unserer Vorgärten. Tjards Wendebourg. 2020. 96 S., 100 Farbfotos, Klappenbroschur. ISBN 978-3-8186-1045-6.